1
2
3
4
5
6
7
8

Hamburg

STADTABENTEUER

MATTHIAS KRÖNER

Michael Müller Verlag

DER AUTOR:

+++MATTHIAS KRÖNER+++

1977 IN NÜRNBERG GEBOREN +++ STUDIUM DER LITERATURWISSENSCHAFT, BUCHWISSENSCHAFT UND GESCHICHTE +++ SEIT 2007 IN DER NÄHE VON LÜBECK +++ AUTOR, JOURNALIST, KOLUMNIST UND LYRIKER +++ SCHREIBT U.A. FÜR DEN BAYERISCHEN RUNDFUNK UND RECLAM +++ MEHRERE LITERATURPREISE +++ 2 ITB-AWARDS: 2016 »LÜBECK MM-CITY«, 2019 »HAMBURG MM-CITY« +++ FAIR-GEFISCHT.DE +++

DER COOLSTE JOB IN HAMBURG

ist es, Jan Delay oder Udo Lindenberg zu sein. Den drittschönsten hatte ich. In den letzten Monaten durfte ich Hamburg *erleben*. Ich war immer ein wenig aufgeregt und bereute es nie. Denn danach sah ich die Stadt wieder neu – und begriff Hamburg tiefer.

Ich lief mit Ex-Obdachlosen durch die Altstadt, bestieg den »Mount Everest« dieser Metropole und entdeckte die verschlungenen Seitenkanäle der Außenalster mit einem Tretboot. Manchmal war es gruselig – wie im ABC-Bunker unter dem Hauptbahnhof, als sich die automatischen Stahltüren schlossen ... Zur Erholung tanzte ich mit Frau Hedi über die Elbe. Wie das geht? Lesen und erleben Sie selbst!

Matthias Kröner,
Hamburg – Stadtabenteuer

ZUR REIHE:

WIE NÄHERT MAN SICH EINER WELTSTADT MAL ANDERS?

Dieser Gedanke sprang mir regelrecht in den Sinn, als meine Frau Berit und ich im Honeymoon in Amsterdam unterwegs waren. Wir wollten die Stadt wirklich kennenlernen. Nicht über Sehenswürdigkeiten, sondern durch Erlebnisse.

So entstanden die *Stadtabenteuer*: acht Bücher zu acht Metropolen, von denen ich selbst eines schreiben durfte (den vorliegenden Band). Als Berit schließlich die Grafik dieser neuen Reihe erfand, ergab sich alles andere von selbst.

Mindestens die Hälfte der in dieser Reihe beschriebenen Erlebnisse sind kostenlos oder günstig (12 Euro oder weniger), einige familienfreundlich, wobei man sie selbstverständlich auch allein, zu zweit oder mit Freunden unternehmen kann. Sie spielen in bekannten Stadtteilen. Nur im letzten Kapitel geht es ein wenig weiter raus.

Dass ausgewählte reisepraktische Tipps und die wichtigsten Sights und Spots hinzukamen (»Wenn man schon mal hier ist«), versteht sich von selbst, wenn man für Michael Müller schreibt: den Verleger für alternative Reiseführer.

Matthias Kröner,
Herausgeber der *Stadtabenteuer*
und Reisebuchautor

4 NEUSTADT 96

PARK
FICTION

6
7
8

ANKOMMEN

+++ HAMBURG LIEGT AN DER ELBE UND AN DER ALSTER UND GRENZT NÖRDLICH AN NIEDERSACHSEN UND SÜDLICH AN SCHLESWIG-HOLSTEIN +++ DIE FREIE UND HANSESTADT IST DIE ZWEITGRÖSSTE STADT DEUTSCHLANDS UND DAS ZWEITKLEINSTE BUNDESLAND +++ DER STADTSTAAT HAT EINE FLÄCHE VON 755 QUADRATKILOMETERN +++ DIE WASSERFLÄCHE BETRÄGT ETWAS MEHR ALS 8 PROZENT. DREI NORDSEEINSELN GEHÖREN DAZU: NEUWERK (36 EINWOHNER), SCHARHÖRN (1 VOGELWART), NIGEHÖRN (0) +++ DERZEIT LEBEN 1.88 MILLIONEN MENSCHEN IN DEN 104 STADTTEILEN UND 7 BEZIRKEN. DARUNTER 955.000 FRAUEN UND 925.000 MÄNNER. DAVON 500.000 IN SINGLEHAUSHALTEN +++ DER HAFEN IST DER GRÖSSTE ARBEITGEBER MIT 150.000 ARBEITSPLÄTZEN. ETWA 100.000 LEBEN VOM TOURISMUS UND 100.000 ARBEITEN IN DER MEDIENBRANCHE +++

WENN MAN IN HAMBURG ANKOMMT:

Man erreicht die Stadt mit dem Zug, dem Flieger oder dem Auto. Der **Hauptbahnhof** liegt auf der Grenzlinie zwischen der Altstadt und St. Georg. Von dort entspannt sich ein dichtes Netz an **öffentlichen Verkehrsmitteln**, die in alle erdenklichen Ecken der Elbmetropole führen. Der **Flughafen** befindet sich etwas abseits in Fuhlsbüttel und ist etwa 30 Autominuten vom Bahnhof entfernt. Mit der **S1**, die alle 10 Minuten fährt, geht es meistens schneller.

UNTERWEGSSEIN in Hamburg ist mit der **9-Uhr-Gruppenkarte** des HVV (Hamburger Verkehrsverbund) sehr gut möglich. Sie gilt für alle öffentlichen Verkehrsmittel. Dazu zählen **U- und S-Bahnen**, **Busse**, aber auch die **HADAG-Hafenfähren**! Nur Trams gibt es in Hamburg nicht. Man kann das Ticket zu zweit, aber auch als Familie mit bis zu drei Kindern (6–14 J.) nutzen. Wer allein oder mit bis zu drei Kindern (6–14 J.) reist, steigt auf die **9-Uhr-Tageskarte** um. Meist genügen die Varianten für den **Großbereich AB**, sie gelten logischerweise ab 9 Uhr und bis zum nächsten Tag um 6 Uhr. Die Gruppenkarte kostet ca. 12 Euro, die Tageskarte ca. 7 Euro.
Erst ab 5 Tagen könnte sich eine **Wochenkarte** lohnen, die pro Erwachsenen etwa 29 Euro ausmacht (Kinder zahlen hier extra). Mit der **HVV-App** spart man noch einmal 3 Prozent.

HAMBURG MIT DEM RAD zu erkunden, macht Laune. Vor allem, wenn man einen Stadtteil etwas ausführlicher kennenlernen, um die Außenalster oder bis nach Blankenese mit Elbblick (!) radeln mag. Dafür gibt es die öffentlich zugänglichen Ausleihstationen von **StadtRAD** (stadtrad.hamburg.de) und **nextbike** (nextbike.de): z. B. an den Landungsbrücken, beim Michel, am Jungfernstieg, am Rathaus oder mehrfach in der HafenCity.

1

HAFENCITY UND SPEICHERSTADT

+++ ERLEBEN +++

DIE SPEICHERSTADT IM NORDEN der HafenCity hat etwas von Klein-Venedig in Backsteinoptik und glänzt durch ihre vielen Museen und Brücken. Seit dem 5. Juli 2015 sind die mehrstöckigen Lagerhäuser (mitsamt dem Kontorhausviertel der Altstadt) sogar international ausgezeichnet: als erstes UNESCO-Welterbe Hamburgs.

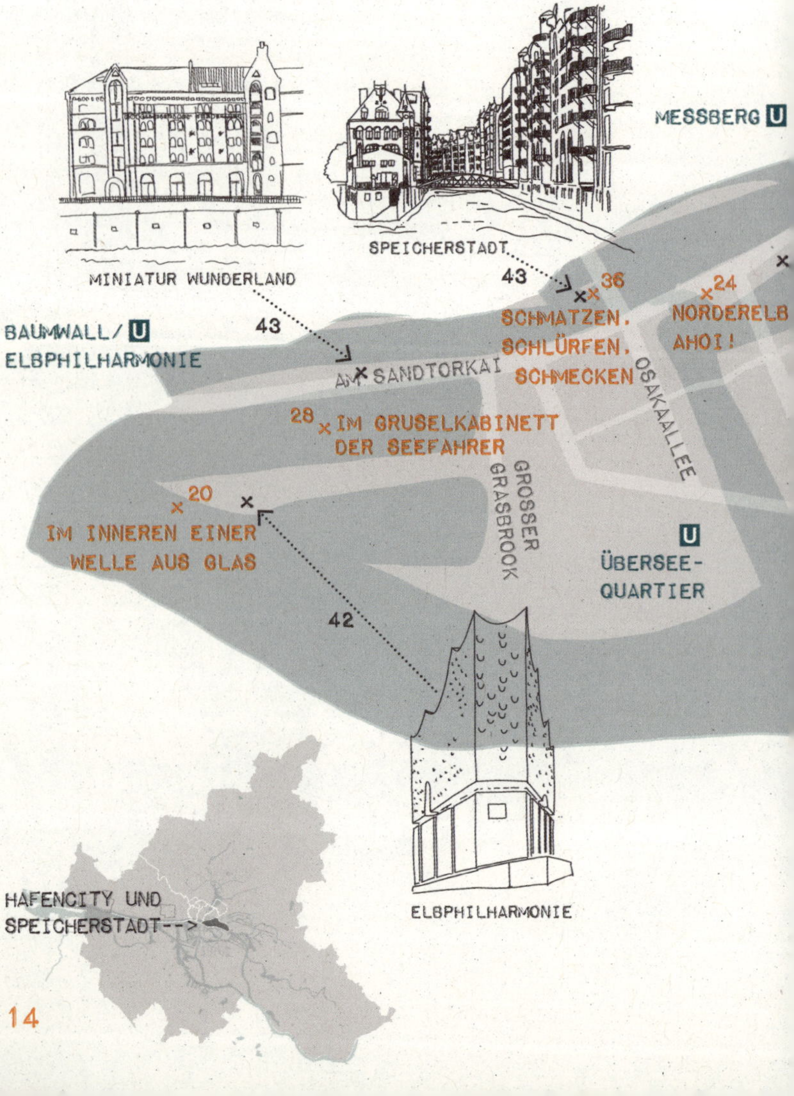

SECHS DER ZEHN QUARTIERE des Science-Fiction-Stadtteils sind bereits fertig. Im Westen steht das Flaggschiff und neue Wahrzeichen Hamburgs: die Elbphilharmonie. Im Osten wird es einen 233 Meter hohen Elbtower geben. 2030, wenn alles fertig ist, sollen auf der etwas betonlastigen »Mondsiedlung« rund 14.000 Menschen leben und täglich 80.000 Besucher umherstreifen.

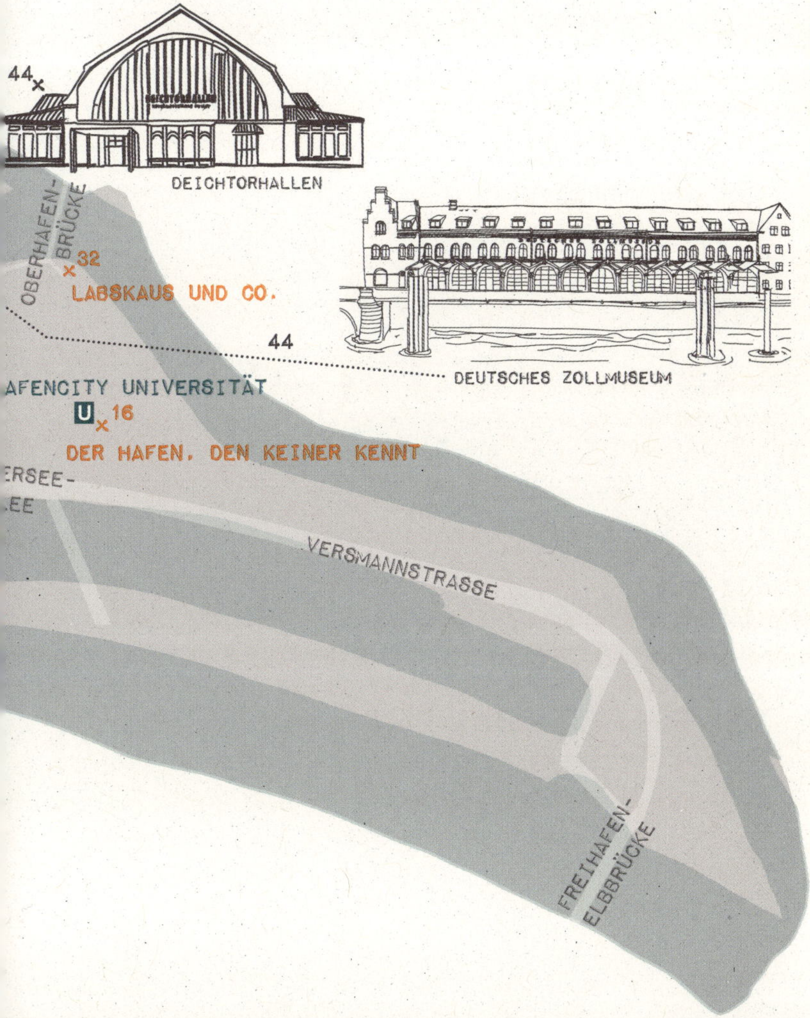

DER HAFEN, DEN KEINER KENNT

EIN BUSTRIP DURCH DEN STRENG GESICHERTEN CONTAINERHAFEN

+ + + STECKBRIEF + + +

WO? ÜBERSEEALLEE 16 (BUS 256 HAFENCITY UNIVERSITÄT) +++ U4 HAFENCITY UNIVERSITÄT +++ WANN? MEIST SA/SO UM 9.30 UND 14 UHR. ABER AUCH WÄHREND DER WOCHE ZU UNTERSCHIEDLICHEN ZEITEN +++ JASPER.DE +++ WIE LANGE? ETWA 3 STUNDEN +++ WICHTIG! BITTE UNBEDINGT AN DEN PERSONALAUSWEIS DENKEN! +++ WIE VIEL? ERWACHSENE CA. 35 EURO. KINDER (4–12 J.) CA. 15 EURO +++

WER AN HAMBURG DENKT, denkt ihn mit: den Hafen und seine giraffenartigen Kräne, die von den Landungsbrücken und vom Elbstrand aus gut zu sehen sind. Doch was passiert dort eigentlich ganz genau? Startpunkt meiner Tour ist eine Bushaltestelle, die ins Niemandsland des Science-Fiction-Stadtteils gebaut ist. Ich würde auch ohne Guide dorthin aufbrechen, denke ich, als ich in meinem Rucksack nach dem »Perso« krame. Doch das Gebiet ist streng gesichert. Man will sich vor terroristischen Anschlägen und vor Werkspionage schützen. Der Guide erzählt die Geschichte des Hafens, die weit in die 30er-Jahre zurückreicht, bevor 90 Prozent der Anlagen im Zweiten Weltkrieg zerstört wurden. Davor und danach brauchte man eine Woche, um ein Schiff zu »löschen« und neu zu beladen. 20.000 Hafenarbeiter kämpften mit mehr als 30.000 Schiffsankünften, jahraus, jahrein.

IN ALTENWERDER BRAUCHT MAN heute exakt fünf Leute. Die wilde Romantik des Hafenlebens ist einem Vollautomatismus gewichen, der einen fasziniert, aber auch mit Wehmut auflädt. 86 führerlose (!) AGVs (Automated Guided Vehicles) bringen die Standardcontainer mittels Elektroschnittstellen im Boden zu den Kranpaaren. Der Brückenfahrer und seine Kollegen sind die wichtigsten Männer des Hafens und für das zentimetergenaue Einpassen der Standardcontainer zuständig. »Einen Giganten mit Gehirn« nennt der Tourguide das Terminal, das seit 2002 als eines der modernsten des Planeten gelten darf.

Trotz dieser Technikorgien, urmenschliche Bedürfnisse bleiben. Da die Schiffe nur noch maximal 48 Stunden im Hafen festmachen, entstand 1986 ein »international seamen's club« in Hamburg-Waltershof, wo auch wir eine Pause einlegen. Die »Duckdalben« wurden bereits als »bester Seemannsklub der Welt« ausgezeichnet und ermöglichen es den Männern und Frauen, nach Hause zu telefonieren oder zu skypen. Ein »Landgang light«, wenn man so will, bei dem sich die Seeleute auch mit Medikamenten versorgen können – und kostenlos wieder an Deck gebracht werden.

DER BURCHARDKAI, die zweite Terminalanlage, die wir ansteuern, erreicht mit 1,4 Quadratkilometern annähernd die Größe des Fürstentums Monaco. Ein Kollege von der Terminalwacht gibt dem Bus mit Walkie-Talkie den Weg vor. Hier geht es ein wenig »menschlicher« zu. Neun Leute treffen an den Stahlkränen zusammen, wenn vier Van-Carrier-Fahrer bis zu drei Metallboxen übereinander anschleppen. Dieser Kai, an dem seit 1965 erste Container auf konventionell (!) gebaute Schiffe verladen wurden, passte sich immer wieder den aktuellen Umschlagsbedürfnissen an – ohne einen Quadratmeter mehr Land oder zusätzliche Mitarbeiter zu haben … Inzwischen schippern 30 bis 40 Millionen Standardcontainer ständig über den Erdball.
Nach etwa zweieinhalb Stunden geht es über die Köhlbrandbrücke zurück, die derzeit zu niedrig ist, um die größten Pötte aus China nach Hamburg einzuladen. Dafür sieht man aus 55 Metern Höhe das riesige Gelände, das eine Fläche wie Köln aufweist – und in das man außerhalb dieser Tour nur noch gelangt, wenn man sich ausbilden lässt: als moderner Hafenarbeiter.

WENN MAN SCHON MAL HIER IST:
Sie stehen in einem der **exklusivsten Neubaugebiete der Republik**. Deshalb lohnt es sich, über die Baakenhafenbrücke zum **View Point** zu laufen, von wo man einen Blick auf die neuesten Bauabschnitte □→ hat. Kulinarisch kann man in der **Oberhafen-Kantine** (siehe S. 32) nach dem neuen **Lohsepark** (500 Bäume, eine Seltenheit für die HafenCity!) aufladen.

IM INNEREN EINER WELLE AUS GLAS

EINE FÜHRUNG DURCH DIE ELBPHILHARMONIE

U BAUMWALL/ELBPHILHARMONIE

<--HAFENCITY UND SPEICHERSTADT

+ + + STECKBRIEF + + +

WO? AM KAISERKAI 62 (BESUCHERZENTRUM) +++ U3 BAUMWALL +++ WANN? MEHRMALS TÄGLICH, MEIST ZWISCHEN CA. 10 UND CA. 16 UHR (ANFANG JULI–ANFANG AUG. IST SOMMERPAUSE) +++ ELBPHILHARMONIE.DE, STICHWORT »ENTDECKEN« +++ WIE LANGE? ETWA 75 MINUTEN +++ WIE VIEL? 15 EURO +++

SCHON DER START HAT WAS. Über eine geschwungene, 82 Meter lange Rolltreppe (»The Tube«) gelangen wir ins Innere des Bombastikbaus, das in den oberen Etagen unerwartet verschachtelt und ein klein wenig labyrinthisch ausfällt. Die sympathische und gut vorbereitete Führerin hat die harten Fakten bereits vor dem Besucherzentrum erläutert. Die »Elphi«, wie sie liebevoll im Norden der Republik genannt wird, ist nämlich nicht nur architektonisch ein echtes Schwergewicht. Sie wiegt auch 200.000 Tonnen, ist 110 Meter hoch und am 11. Januar 2017 eröffnet worden. Die Bausumme und die zehnjährige Bauzeit rechtfertigt heute niemand mehr. Seit die als »Karnevalsmütze« verlachte Konzert-Kathedrale auf einem alten Kakaospeicher die westliche Spitze der HafenCity anführt, ist sie das neue Wahrzeichen Hamburgs. Michel, Reeperbahn, war da was?!

GERADE STEHEN WIR am Ende der Tube vor einem riesigen Panoramafenster und genießen den Ausblick, den sonst nur die Inhaber von 44 Luxusapartments über uns haben. Der Elbe schwappt an diesem Wintertag wie der letzte Rest eines Caipirinhas unter uns: Ausflugsschiffe fahren durch die gecrushten Eisschollen.

Apropos Ausblick: Die vielen Glasscheiben in den sonst unzugänglichen Stockwerken sind vierfach hintereinander gelegt, um Orkane, aber auch Feuerwerkskörper auszuhalten. Sie wurden in Venedig mit einem speziellen Hitzeverfahren gebogen, damit die Chrombedruckung nicht wegschmolz und ihre Wirkung als lichtbrechende »Wellen« bestehen blieb. Um sie zu putzen, müssen Industriekletterer engagiert werden, die 50.000 Euro dafür in Rechnung stellen …

Wir steigen Treppen, wir bleiben stehen, wir schauen auf die Hafenanlagen entlang der Elbe – und können nicht anders, als fasziniert zu sein. Die Perfektion des Gebäudes geht von den Lichtschächten und Stableuchten, die die Elbphilharmonie auch von innen strahlen lassen, bis zu kleinsten Details der handwerklich sehr sauber gearbeiteten Innenräume, die die Sydney Opera so nicht bekommen hat.

BESONDERS BEEINDRUCKEND sind natürlich die zwei Konzertsäle. Im Kleinen Saal sieht man gut die Noppen der geräucherten Holzvertäfelung. Sie dienen ausschließlich dem Klang, der hier als Kammermusik oder Jazz durch den Raum schwingt.

Der Große Saal ist das Highlight des hohen Hauses, den wir andächtig wie eine Kirche betreten. Er wirkt sehr organisch, wie ein minimalistischer »Hundertwasser«, was mit den kartonhaften Wänden zu tun hat, die zu 90 Prozent aus Gips gemacht sind. Die Weinbergarchitektur erlaubt eine freie Sicht von jedem Sitzplatz, und der große Trichter, der aus der Decke wächst, die Reflexion des Schalls in alle erdenklichen Winkel. Allerdings sei gesagt: Je mehr Technik ein Orchester oder eine Band benötigt, desto schwieriger wird es, die perfekte Akustik auszuloten.

Bevor wir auf die Plaza mit ihrem Rundumblick aus 37 Metern entlassen werden, verrät uns die Führerin ihre Hauptmotivation für die Rundgänge: »Als Mitarbeiterin komme ich leicht an Konzertkarten.« Wer einmal im Großen Saal gewesen ist, wird verstehen, warum.

WENN MAN SCHON MAL HIER IST:

Die Elphi fängt man fotografisch am besten von den **Marco-Polo-Terrassen** südlich des Dalmannkais ein. Wer die **Neubauten am Sandtorhafen** ⇨sehen und eine kleine Kaffeepause einlegen mag, kann ins winzige **Klein und Kaiserlich** (siehe S. 45). Doch auch **Harrys** höchst bizarrer **Hafenbasar** (siehe S. 28) liegt mehr oder weniger direkt ums Eck …

NORDERELBE AHOI!

DIE AMPHIBISCHE STADTRUNDFAHRT

+ + + STECKBRIEF + + +

WO? BROOKTORKAI 16/BLOCK V +++ U4 ÜBERSEEQUARTIER +++ WANN? VON FEBRUAR BIS DEZEMBER ZWISCHEN 10 UND 18.30 UHR +++ HAFENCITYRIVERBUS.DE +++ WIE LANGE? ETWA 70 MINUTEN, DAVON 30 MINUTEN AUF DER ELBE +++ WIE VIEL? ERWACHSENE 30 EURO, KINDER (5-14 J.) 21 EURO +++

MIT EINEM PLATSCH geht es in die Elbe, genauer gesagt: in die Norderelbe. Ein Haubentaucher zieht vorbei und taucht ab, die Wellen schwappen gegen das Busgehäuse – und ich fühle mich in einen James-Bond-Film hineingeworfen. Zugegeben, wir schwimmen nicht unter Wasser, und der Bus verändert auch nicht seine Form. Doch wie seltsam der Anblick eines Stadtbusses in der Elbe ist, zeigen die vier Notrufe, die in den ersten Monaten seines Einsatzes abgesetzt wurden. Den Anwohnern muss zugutegehalten werden, dass Kraftfahrzeuge in Hamburgs Stadtfluss gar nicht so selten sind, dank der Sturmfluten der letzten Jahre …
Heute ist keine Sturmflut in Sicht. Der Bus würde sonst logischerweise nicht fahren, äh, schippern, also das Boot, meine ich; was denn nun?!

WIE ES SICH FÜR DEUTSCHE Verordnungen gehört, muss bei Amphibienfahrzeugen, die zudem öffentlich zugänglich sind, vielerlei beachtet werden. Neben 36 Sitzen und 4 Halteknöpfen (!) braucht es eine Glocke, die für alle Binnenschiffe verpflichtend ist. Leider bringt sie in unserem Fall nichts, da man ein Fenster öffnen müsste, um sich Gehör zu verschaffen … Neben dem Fahrer, der auch ein Kapitänspatent benötigt, muss ein Matrose zugegen sein. Er ist für die Verteilung der Sitzplätze zuständig, damit das Busboot nicht unerwartet Schlagseite bekommt und kentert. Apropos: Ausreichend Rettungswesten sind mit an Bord, und es gibt zwei Notausstiege. Doch keine Sorge, nur einmal ist ein solcher Bus abgesunken, in Liverpool, alle Fahrgäste überlebten. Da die einzige Rampe, um mit einem Stadtbus in die Elbe zu steuern, in Entenwerder steht, sind diese Touren ein echtes Abseits-der-Routen-Erlebnis. Zunächst fährt man durch Rothenburgsort, einen vom Krieg stark zerstörten Stadtteil, in dem nur noch wenige Häuser die alte Bauweise vor den Fliegerangriffen zeigen. Das einzige Wahrzeichen dort ist ein Wasserwerk, das Hamburg nach der Cholera-Epidemie von 1892 doch noch hinbekam …

IN DER BILLWERDER BUCHT schippert das Gefährt, das das erste seiner Art in Deutschland war, zum Beispiel am Hafen der Hansataucher vorbei, die für Schweißarbeiten unter Wasser, aber auch für die Kampfmittelbergung von Weltkriegsbomben gebucht werden. Einmal fährt ein Schutenschlepper an uns vorüber. Die Matrosen fotografieren den Bus, der etwa eine Million gekostet hat und ohne Schiffsschraube arbeitet. Er besitzt einen Wasserstrahlantrieb wie ein Jet-Ski und kann 7 Knoten schnell werden, was ungefähr 13 km/h entspricht.
Lediglich eine Sache hätte selbst der Geheimwaffenspezialist von James Bond nicht lösen können. Auf die Toilette muss man vorher oder nachher, denn an Bord gibt es keine, und aufstehen sollte man auch nicht. Man befindet sich schließlich auf schwankendem Untergrund, bis man wieder aus der Elbe herauskrabbelt und zurückfährt, zum nahe gelegenen Fleetschlösschen, der ehemals schönsten Toilette Hamburgs – mit eigenem Boots-, äh, Busanleger, äh, -parkplatz.

WENN MAN SCHON MAL HIER IST:

Wer sich nach der Bus- und Bootstour gerne ein wenig bewegt, hat auf den zwei Brücken der nördlich verlaufenden Querstraße Bei St. Annen einen sehr schönen Blick auf die Backsteinbauten und Fleete der **Speicherstadt** ⮩ (siehe S. 43). Das skurrile **Zollmuseum** (siehe S. 44) erreicht man in 5 Minuten zu Fuß, zu den **Deichtorhallen** (östlich, siehe S. 44) dauert es doppelt so »lange«. Ebenso kurz ist der Weg zum **Miniatur Wunderland** (westlich, siehe S. 43) via Neuer Wandrahm, Brook und Kehrwieder, wo man den ältesten Abschnitt des UNESCO-Welterbes sieht.

IM GRUSELKABINETT DER SEEFAHRER

EIN RUNDGANG DURCH HARRYS HAFENBASAR

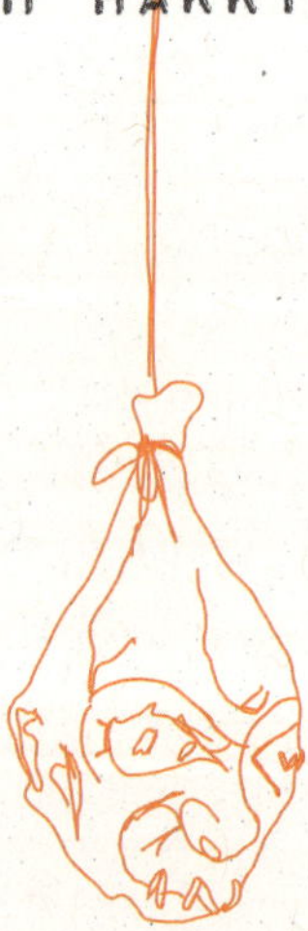

+ + + STECKBRIEF + + +

WO? AM SANDTORKAI 66-68, PONTON 2 +++ U3 BAUMWALL +++ WANN? SA/SO/FEI 10-15 UHR (ENDE NOV.-MITTE/ENDE APRIL IST WINTERPAUSE) +++ HAFENBASAR.DE +++ WIE LANGE? 30 MINUTEN BIS 1 STUNDE +++ WIE VIEL? ERWACHSENE 5 EURO, KINDER (6-12 J.) 3 EURO, FAMILIE 15 EURO +++

AUSGERECHNET IN DER HAFENCITY, dort, wo einen die schicken Blockbauten des neuen Stadtteils anblicken, befindet er sich: Harrys Hafenbasar. Der mit Abstand skurrilste »Laden« der Elbstadt, den schon Tom Waits in *The Black Rider* besungen hat, liegt am Sandtorhafen im Schiffsbauch eines abgetakelten Schwimmkrans. Da unten, in den Katakomben, ist es eng und vollgestopft und ein klein wenig gruselig, weshalb ich selbst einige Runden drehe, bevor ich meine Kinder – sie sind acht und vier – mit hinunternehme. Wir stoßen auf originale Schrumpfköpfe, erstaunlich gut erhaltene Korallen, handgeschnitzte Holzdildos (deren tieferen Sinn nur größere Kinder verstehen dürften) und lange Feuerwaffen, die in den deutschen Kolonien ihre unrühmliche Rolle gespielt haben; möglicherweise. Denn beschriftet ist wenig, die Stücke stehen für sich selbst.

DIE IDEE für einen solchen Sammlershop hatte Harry Rosenberg (1925–2000). Der Münzhändler mit dem Rauschebart übernahm den Nachlass von Käpt'n Haase, der bis 1954 eine Kneipe mit Seefahrerschätzen besaß. In der Bernhard-Nocht-Straße 65 in direkter Nähe zur Hafenstraße gründete Rosenberg ein »Museum«, das zu seiner Glanzzeit mehr als 365.000 kuriose und bizarre »Souvenirs« führte. Der Ex-Seemann stellte sie in 26 Räumen auf 2.600 Quadratmetern aus. Gekauft hat er die meisten davon in den 70er- und 80er-Jahren, von Seeleuten, die sich etwas dazuverdienen wollten.

Dieser Standort im Unterboden des Schiffskrans ist schon der fünfte. Noch immer kann man alles erwerben, außer wenn es mit einem roten Punkt markiert ist. Wir folgen den Pfeilen, die durch die Sammlung führen. Ich denke: Man möchte hier nachts nicht alleine sein. Doch nicht nur das: Die Augen gehen einem über. Man kann gar nicht so viel erfassen, wie hier ausgestellt ist. Masken aus Kamerun, Voodoofiguren, asiatische Gottheiten und ein Elfenbeinphallus mit eingeschnitzten Affen und Elefanten. Sogar auf ausgestopfte Eisbären und einen mit Perlen verzierten Krokodilschädel trifft man.

MANCHMAL SCHWANKT ES. während wir durch die 33 kleinen Kammern dieses mentalitätsgeschichtlichen Gruselkabinetts schreiten, das aus heutiger Sicht wohl nicht komplett politisch korrekt ist. Doch genau deshalb strahlt es mehr Echtheit aus als die gut ausgeleuchteten Exponate des Völkerkundemuseums im gepflegten Stadtteil Rotherbaum in Eimsbüttel.

Noch etwas bleibt zu sagen: Nachdem Rosenberg im Alter von 75 Jahren verstorben war, verschied wenige Monate später sein Sohn. Tochter Karin, die den Betrieb übernommen hatte, erlitt 2011 einen Herzinfarkt, der ebenfalls tödlich endete. Nach einer kurzen Interimslösung durch Enkelin Kim wurde ein HNO-Arzt der »neue« Harry; 2014 starb Dr. Gereon Boos 47-jährig an einem Hirntumor. Liegt auf der Sammlung ein Fluch?

Vielleicht frage ich deshalb zwischendurch meine Kinder: »Alles okay? Habt ihr … Angst?« Der Vierjährige sieht mich an, als wäre ich leicht verwirrt. Angst, wovor denn? Der Achtjährige spricht es aus: »Da drin ist es wirklich heftig geil, Papa.« Langsam nickend schließe ich mich diesem Urteil an.

WENN MAN SCHON MAL HIER IST:

Der Schwimmkran liegt im »ältesten« der zehn Quartiere der HafenCity. In der Kranführer-Kanzel befindet sich ein winziges **Luxushotel** mit exakt einem Doppelzimmer (ca. 400–450 Euro, myfloatel.de). Bis zur **Elphi** (siehe S. 20 und 42), die man von hier aus sieht, sind es gerade mal 500 Meter. Zum **Speicherstadtmuseum** □→, einem gut gemachten Lesemuseum mit originalen Ausstellungsstücken, ist es ein Katzensprung (Am Sandtorkai 36, meist 10–17 Uhr, im Winter Mo geschlossen, 4,50 Euro, erm. 3 Euro).

LABSKAUS UND CO.

DIE KULINARISCHEN KLASSIKER IN DER OBERHAFEN-KANTINE

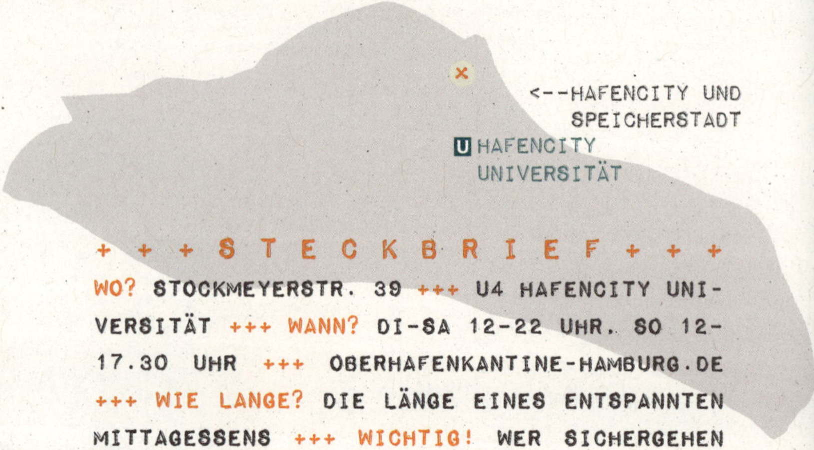

+ + + STECKBRIEF + + +

WO? STOCKMEYERSTR. 39 +++ U4 HAFENCITY UNIVERSITÄT +++ WANN? DI-SA 12-22 UHR, SO 12-17.30 UHR +++ OBERHAFENKANTINE-HAMBURG.DE +++ WIE LANGE? DIE LÄNGE EINES ENTSPANNTEN MITTAGESSENS +++ WICHTIG! WER SICHERGEHEN WILL, DASS ER EINEN PLATZ BEKOMMT, SOLLTE RESERVIEREN: 040/32809984 +++ WIE VIEL? DIE LABSKAUS-PROBIERPORTION KOSTET 6 EURO, DAS RUNDSTÜCK WARM 10.50 EURO +++

EIN MITTAGESSEN in der »schrägen« Oberhafen-Kantine ist ein Erlebnis für sich. Die Tür schwingt einem entgegen, an den urigen Tischen sitzt man mit leichtem Abwärtsdrall – und wenn man vom kleinen Oberstübchen die enge Stiege wieder nach unten steigt, meint man wirklich, man hätte Seegang ... Der Grund für die charmante Schieflage des Hauses waren allerdings nicht die Fliegerbomben im Zweiten Weltkrieg, sondern die Sturmfluten der Elbe. Da versteht es sich fast von selbst, dass ich mit einer echten Seefahrermahlzeit starte: Labskaus, den es hier als Probiervariante mit Wachtelei gibt. Aber Achtung, Ungeübte sollten schon einen stabilen Magen haben! Obwohl mir die Mischung aus durch den Fleischwolf gedrehtem und gepökeltem Rindfleisch mit Essiggurke, Roter Bete und Rollmops schmeckt, gibt es mitunter Reisende, die die Zusammenstellung der Speisen, nun ja, seltsam finden.

DAS KÖNNTE DAMIT ZUSAMMENHÄNGEN,
dass die original norddeutsche Spezialität aus der Not geboren wurde. Zum einen hatten die Smutjes (= Schiffsköche) nicht immer genügend Vorräte und mussten erfindungsreich damit umgehen. Zum anderen fehlten den Seeleuten meist einige Zähne; der Skorbut, eine Mangelerkrankung durch Vitaminentzug, war gnadenlos.

Ich esse – und lasse die jüngere Geschichte des expressionistischen Kleinstgebäudes aus den 20er-Jahren vor mir ablaufen. 1997 wurde das in ganz Hamburg bekannte Lokal vom Ordnungsamt sogar schon einmal geschlossen – wegen Einsturzgefahr, wen wundert's –, dann aber 2000 unter Denkmalschutz gestellt. Eine aufwendige Sanierung brachte den Betrieb sechs Jahre später wieder in Gang. Nur der legendäre, fußkurbelbetriebene (!) Speisenaufzug hat ausgedient …

Apropos Legende: Als Hauptgericht bestelle ich »Rundstück warm«, die »Mutter aller Burger«, wie in der kleinen Speisekarte sehr selbstsicher behauptet wird. Was das ist? Ein Bratenstück zwischen zwei Brötchenscheiben, die sich mit saftiger brauner Soße vollsaugen. Sind die Elbstädter gar die Erfinder des ersten »Hamburgers«? Es wäre zumindest möglich, dass die vielen Auswanderer das Bratenbrötchen im 19. Jahrhundert nach Amerika gebracht haben – und es dort verändert wurde …

DABEI MUSS MAN WISSEN: Nicht weniger als vier amerikanische Orte beanspruchen die Entdeckung des Fast-Food-Klassikers für sich. Fast immer heißt es, das Gericht sei aus Mangel an Alternativen eher zufällig entstanden; ähnlich wie Labskaus … Gesichert sind lediglich zwei Fakten: 1889 erscheint der »Hamburger« als Begriff erstmals im *Oxford English Dictionary*. 1904 werden »Hamburgs« auf der Weltausstellung in St. Louis (Missouri) präsentiert und verkauft. Doch das »Rundstück warm« ist älter, wie ein Reiseführer von 1869 beweist … Heute feiert der Burger an der Elbe eine regelrechte Renaissance. Die skurrilste Variante ist vermutlich der Oktopusburger im Fischmarkt Bistro (Di–So 11.30–18 Uhr) in der Großen Elbstraße 133, bei dem selbst das Brötchen tintig eingefärbt ist.

Ich verlasse die Oberhafen-Kantine, um mir (selbstverständlich nur aus Recherchegründen) die dritte Spezialität dieser Stadt als Nachspeise zu genehmigen: ein Franzbrötchen, das angeblich durch die französischen Besatzer zwischen 1806 und 1814 in die Stadt gekommen ist. Aber das ist wieder eine ganz andere Geschichte.

WENN MAN SCHON MAL HIER IST:
Die **Hanseatische Materialverwaltung** (siehe S. 46) liegt ums Eck und lohnt sich! Die Koordinaten zum 20 U-Bahn-Minuten entfernten Franzbrötchen lauten: **Backecht** □→, Grindelhof 64 (U1 Hallerstraße), Mo–Fr 7–19 Uhr, Sa 7–14 Uhr, So 7–12 Uhr. Die leicht platt gedrückte Version einer Zimtschnecke wird dort noch von Hand hergestellt, mit Marzipan verfeinert und hat so herrlich karamellisierte Ränder, dass man sich hinterher die Finger ablecken möchte.

SCHMATZEN, SCHLÜRFEN, SCHMECKEN

EINE KAFFEEVERKOSTUNG IN DER SPEICHERSTADT

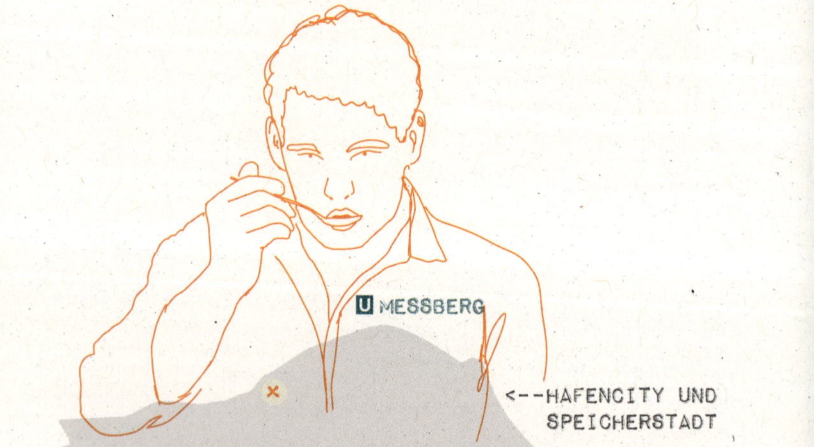

+ + + STECKBRIEF + + +

WO? ST. ANNENUFER 2 (KAFFEEMUSEUM/RÖSTEREI BURG) +++ U1 MESSBERG +++ WANN? SA/SO JEWEILS UM 12 UND 14 UHR. MAN KANN DAS KAFFEEMUSEUM AUCH UNABHÄNGIG VON EINER VERKOSTUNG BESUCHEN UND Z. B. NUR EINE FÜHRUNG MITMACHEN: DI-SO 10-18 UHR +++ KAFFEEMUSEUM-BURG.DE +++ WICHTIG! ACHTUNG, MANCHMAL IST WEGEN EINER VERANSTALTUNG FRÜHER GESCHLOSSEN: SIEHE WEBSITE! +++ WIE LANGE? 75 MINUTEN +++ WIE VIEL? 12,50 EURO INKL. EINER KAFFEEPROBE (»HAMBURGER MISCHUNG«, 85 GRAMM) ZUM MITNEHMEN +++

ICH HABE DIE SCHWARMINTELLIGENZ von zwei Paaren gegen mich. Bei der finalen Kaffeeverkostung, dem Höhepunkt dieser kleinen Tour durch einen ehemaligen Kaffeespeicher, sollen wir aus sechs aufgebrühten Sorten erkennen, welche mit einem siebten Koffeintrank identisch ist, dessen Herkunft noch nicht verraten wird. Ich schmatze und schlürfe, wie es der sächselnde Kaffee-Experte von uns verlangt. »Nur keine Scheu, nur nicht höflich sein. Sonst entfaltet sich kein Geschmack!« Dabei muss man übrigens darauf achten, dass der Kaffee nicht in die Luftröhre gerät – so sehr, wie man ihn im Mund rumjongliert! Mein Votum ist mehr oder weniger klar: Peru. Die vier anderen tippen auf Brasilien. Ich bin Allergiker, denke ich, leide immer wieder an Heuschnupfen, und mein Geruchs- und Geschmackssinn sind nicht so ausgeprägt. Ich blamiere mich, denke ich. Doch bleibe dabei. Unser Guide hebt die Tasse des »Geheimkaffees« und blickt auf den Zettel darunter. Es ist Peru.

»WIR VERLASSEN UNS VIEL ZU WENIG auf unsere Sensorik«, sagt er. »Obwohl Kaffee das beliebteste Getränk der Deutschen ist, schlabbern wir es einfach so in uns rein.« Was leicht lehrerhaft klingt, hat seine Berechtigung. Denn wer sich schmatzen und schlürfen traut, sich kurz in sich selbst zurückzieht, länger nachschmeckt, immer wieder die verschiedenen Schwarzgetränke auf den eigenen Löffel träufelt und munter durchprobiert, wird merken, wie abwechslungsreich Kaffee tatsächlich schmeckt: von Johannisbeeraroma bis Schokolade. Natürlich nur in Nuancen.

Ich habe außerdem das Gefühl, dass es heute darum geht, uns die Qualität abseits der industriellen Herstellung nahezubringen. Dort wird mit Maschinen gearbeitet, die selbst Mäuse und Insekten ins Pulver schreddern … »Das Pfund zu 2,99 ist Abfall«, meint unser Guide drastisch. »Unter 10 Euro ist es zumindest kein richtig guter Kaffee.« Klar, das hört sich nach Werbung an, nach Selbstbeweihräucherung. Doch wir erfahren auch, dass bei einem Durchschnittspreis von 3,50 Euro für eine Tasse Kaffee gerade mal 5 Cent beim Erzeuger bleiben. »Im Prinzip also immer noch Kolonialzeit.« Dann geht es um die Röstung, die bei Industriekaffee etwa 90 Sekunden dauert, bei 500 Grad. »Dabei sollte man mit 200 Grad und mindestens 15 bis 25 Minuten an die Sache rangehen.« Vermutlich deshalb ist der Chefröster in dieser Kaffeekathedrale deutscher Vizemeister.

IN DEN ERSTEN 25 MINUTEN waren wir mit einem jungen Typen unterwegs, der gerade seine erste Führung hatte. Wir liefen mit ihm durch das liebevoll eingerichtete Kaffeemuseum, blieben bei einigen Exponaten stehen, bekamen erklärt, dass es zwei Sorten gibt, die Arabica und die Robusta, und dass das Koffein als Gift gegen Fressfeinde in die Kaffeekirschen gekommen ist. Reine Evolution, dachte ich, wobei die Wirkung des Koffeins angeblich von Mönchen erkannt wurde – sie hatten Ziegen beobachtet, die nach dem Verzehr der Kirschen ziemlich aufgedreht durch die Gegend rannten … Seinen Siegeszug in Europa begann der Wachmacher durch den Überseehandel im 17. Jahrhundert, wobei Le Havre, London und eben Hamburg die wichtigsten Umschlagplätze waren. Später lagerten die vielen, vielen Säcke – 60 Kilo schwer und bis obenhin voll mit Bohnen – in der Speicherstadt, die zwischen 1885 und 1927 hochgezogen wurde. Die ganze Mühe hinter der schwarzen Flüssigkeit (»denn beim Kaffee ist trotz aller Maschinen immer noch viel Handarbeit dabei«) spürt man eher nicht, wenn man den Kaffee einfach so in sich reinschüttet. Ich teste mich erneut durch die sieben Sorten. Genuss pur!

WENN MAN SCHON MAL HIER IST:

Wer mehr über die UNESCO-zertifizierten Backsteinbauten, die Kaffeelagerung und die dafür zuständigen Quartiersleute erfahren mag, kann sein Wissen im **Speicherstadtmuseum** (siehe S. 31) vertiefen. Mit zwei ganz anderen Sinnen, nämlich dem Sehen und Hören, beschäftigt sich der **Dialog im Dunkeln** ⊐→ und der angeschlossene **Dialog im Stillen** (Alter Wandrahm 4, tägl. außer So, nur Führungen, dialog-im-dunkeln.de).

WENN MAN SCHON MAL IN DER HAFENCITY UND SPEICHERSTADT IST

+++ SEHEN +++

+++ ESSEN +++

+++ AUSGEHEN +++

+++ SHOPPEN +++

+++ SCHLAFEN +++

1

SEHEN

ELBPHILHARMONIE

865,6 Millionen Euro hat sie gekostet, 76,6 Millionen gingen als Spenden ein, weswegen der Senat die stolze Summe von 789 Millionen ausgab. Dafür ist der geschwungene Musiktempel an der Elbe das neue Wahrzeichen Hamburgs. Selbst die *New York Times* nahm die Stadt schon in ihre begehrte Liste der »52 Places to Go« auf: wegen des gläsernen, 110 Meter hohen und auf einen Kaispeicher gestellten Kulturkunstwerks mit der riesigen Aussichtsplattform (»Plaza«).

+++ U3 BAUMWALL ODER U4 ÜBERSEEQUARTIER +++ ELBPHILHARMONIE.DE +++ WER AUF DIE PLAZA MÖCHTE (EINTRITT FREI), KÖNNTE SICH EIN ONLINE-TICKET FÜR 2 EURO GÖNNEN! SONST KANN ES ZU LÄNGEREN WARTEZEITEN KOMMEN +++ MANCHMAL GIBT'S AN DER ABENDKASSE NOCH KONZERTKARTEN (1,5 STUNDEN VORHER DA SEIN!) ... +++

SPEICHERSTADT

Zwischen 1885 und 1927 entstand der größte Lagerhauskomplex der Welt. Dafür siedelte man 20.000 Hafenarbeiter nicht gerade sozialverträglich um – und baute die 1,5 Kilometer lange Speicherstadt auf die Elbinseln Wandrahm und Kehrwieder. Wieso das? Die hier gelagerten Waren durften zollfrei gehandelt werden …

+++ U3 BAUMWALL ODER U1 MESSBERG +++ TIPP: EIN ARCHITEKTONISCHES KLEINOD IST DAS VIERSTÖCKIGE WASSERSCHLOSS (DIENERREIHE 4), DAS SICH SEHR GUT VON DER POGGENMÜHLENBRÜCKE AUS FOTOGRAFIEREN LÄSST +++

MINIATUR WUNDERLAND

Ich gestehe, mir ist es oft zu voll, weswegen ich die größte Modelleisenbahnanlage des Planeten meist morgens oder am frühen Abend besuche. Was einen erwartet? Nicht weniger als 15 Kilometer lange Gleislinien und mehr als 1.000 Miniaturzüge, die in fantastische und real nachempfundene Landschaften gebaut sind. Wären da nur nicht die vielen, vielen Besucher …

+++ KEHRWIEDER 2-4 +++ U3 BAUMWALL +++ MINIATUR-WUNDERLAND.DE +++ TÄGL. 9.30-18 UHR, OFT STARK VERLÄNGERTE ÖFFNUNGSZEITEN! +++ TICKET 15 EURO, KINDER (BIS 15 J.) 7,50 EURO. ONLINE-TICKETS (VERKÜRZTE WARTEZEITEN) SIND HÄUFIG GÜNSTIGER! +++

⇐□ DEICHTORHALLEN

In direkter Sichtnähe zum unübersehbaren *SPIEGEL*-Gebäude (Hallo, wir sind das größte Nachrichtenmagazin Deutschlands!) handelt es sich bei den einstigen Markthallen von 1911/14 um eines der wichtigsten Kunstmuseen der Stadt. Dabei sind nicht nur die Künstler, die hier ausgestellt werden, erstklassig. Auch die Höhe gibt den Werken die Wirkung, die sie brauchen. Das angrenzende Haus der Fotografie (Südhalle) lohnt sich ebenfalls – sofern man noch aufnahmebereit ist …

+++ DEICHTORSTRASSE 1-2 +++ U1 STEINSTRASSE +++ DEICHTORHALLEN.DE +++ DI-SO 11-18 UHR, JEDEN 1. DO IM MONAT BIS 21 UHR +++ TICKET 12 EURO, KINDER (BIS 17 J.) FREI. DIENSTAGS AB 16 UHR NUR 6 EURO! +++

DEUTSCHES ZOLLMUSEUM

Der Name klingt abschreckend – und außergewöhnlich amtsdeutsch. Die Ausstellung im Inneren ist es gar nicht! Wo erfährt man sonst schon, welche irrwitzigen Verstecke sich Schmuggler und Schmugglerinnen so einfallen ließen? Bis 1984 diente das Speicherstadt-Gebäude als Zollamt und schlug sich unter anderem mit den Einfuhrgenehmigungen von Orientteppichen herum.

+++ ALTER WANDRAHM 16 +++ U1 MESSBERG +++ ZOLL.DE (SIEHE DER ZOLL/ZOLLMUSEUM) +++ DI-SO 10-17 UHR +++ TICKET 2 EURO, KINDER (BIS 17 J.) FREI +++

BIANC

Der Olivenbaum im Lokal fällt sofort auf, doch die eigentlichen Stars sind die mediterranen 4- bis 9-Gänge-Menüs, die zwischen 85 und 160 Euro wert sind, die Weine nicht einberechnet ... Matteo Ferrantino kochte bereits mit Eckart Witzigmann!

+++ AM SANDTORKAI 50 +++ U4 ÜBERSEEQUARTIER +++ BIANC.DE +++ 040/18119797 +++ DI-SA 18-0 UHR +++ AUCH REINE VEGETARIER-MENÜS! +++

NENI

Unbedingt reservieren – was schon sehr viel über dieses Top-Restaurant der orientalischen Küche sagt, bei der auch israelische und marokkanische Einflüsse schmeckbar sind. Urban-schickes Ambiente!

+++ OSAKAALLEE 12 (ALTES HAFENAMT) +++ U4 ÜBERSEEQUARTIER +++ NENI.AT +++ 040/555575442 +++ TÄGL. 12-22 UHR +++

HEIMAT

Ich schätze die Mittagsgerichte unter 10 Euro sehr, zumal sie der saisonal-regionalen Küche entstammen. Stylisches Industriedesign, das sich ähnlich schick wie die Aufmachung der Gerichte zeigt.

+++ ÜBERSEEALLEE 5 (25HOURS HOTEL) +++ U4 ÜBERSEEQUARTIER +++ HEIMATRESTAURANT.COM +++ 040/257777840 +++ TÄGL. 12-0 UHR (KÜCHENSCHLUSS 22.30 UHR) +++

KLEIN UND KAISERLICH

Die Tortenauswahl ist gut bis sehr gut, doch wirklich besonders sind die typisch österreichischen Kaffeespezialitäten und Mehlspeisen. Und das in der futuristischen HafenCity!

+++ AM KAISERKAI 26 +++ U3 BAUMWALL +++ K-U-K-KAFFEEHAUS.DE +++ 040/36122480 +++ TÄGL. 10-18 UHR +++

AUSGEHEN

BOILERMAN BAR

Die Ledersessel sind shabby-chic und gemütlich, die Highballs bekommt man für 7 Euro – und das Wandgemälde erlaubte es dem dort porträtierten Obdachlosen, im Alten Hafenamt lebenslang zu essen und zu trinken.

+++ OSAKAALLEE 12 (ALTES HAFENAMT) +++ U4 ÜBERSEEQUARTIER +++ BOILERMAN-HAFENAMT.DE +++ 040/555575440 +++ DO–SA 17–2 UHR, SO–MI 17–1 UHR +++

CLUB 20457

Ein echter Einheimischen-Geheimtipp seit November 2011! Warum das so ist? Man fühlt sich wohl, die Barkeeper sind entspannt, die Drinks gut, das Publikum angenehm.

+++ OSAKAALLEE 8 +++ U4 ÜBERSEEQUARTIER +++ CLUB20457.COM +++ 040/34834809 +++ MO–DO 18–2 UHR, FR BIS 0 UHR, SA 20–2 UHR +++ IMMER WIEDER AUFTRITTE VON MUSIKERN! +++

SHOPPEN

HANSEATISCHE MATERIALVERWALTUNG

Ein großer Spaß ist ein Besuch dieser Halle, in der Requisiten und Kulissen von Filmdrehs und Theaterinszenierungen verkauft werden, die sonst im Müll landen würden.

+++ STOCKMEYERSTR. 41 +++ U4 HAFENCITY UNIVERSITÄT +++ HANSEATISCHE-MATERIALVERWALTUNG.DE +++ MO–FR 12–18 UHR (ENDE DEZ.–ENDE FEB. LEICHT EINGESCHRÄNKTE ÖFFNUNGSZEITEN UND MANCHMAL EINE KLEINE WINTERPAUSE) +++

MARC & DANIEL

Mein Lieblingsklamottenladen in der HafenCity fürs mittlere Preissegment, was an den zwei Säger-Brüdern liegt, die auf ehrliche Beratung setzen.

+++ ÜBERSEEBOULEVARD 2 +++ U4 ÜBERSEEQUARTIER +++ MARCUNDDANIEL.DE +++ MO–SA 11–18 UHR +++

SCHLAFEN

AMERON SPEICHERSTADT

Das nostalgische 50er- und 60er-Jahre-Interieur macht sofort gute Laune, wobei sich frühes Buchen lohnt. Dann können es auch einmal 140 Euro sein, allerdings nicht freitags und samstags. Die zwei Saunen auf der 7. Etage sind inbegriffen. Das Buffet am Morgen kostet leider 20 Euro pro Person extra, weswegen ich stets auswärts frühstücke (siehe S. 93, 125, 181 oder 192).

+++ AM SANDTORKAI 4 +++ U4 ÜBERSEEQUARTIER +++ AMERONHOTELS.COM +++ 040/6385890 +++

25HOURS ALTES HAFENAMT

Die waagrecht gehängten Türen am Kopfende der Betten sind echte Hingucker – und erstaunlicherweise passen sie ziemlich gut. Sie entstammen dem Alten Hafenamt, das bis 2005 in Betrieb war. Die tagesflexiblen Preise der in entspannten Farbtönen gehaltenen Stuben schwanken stark. Mit Glück kommt man auf 125 Euro.

+++ OSAKAALLEE 12 +++ U4 ÜBERSEEQUARTIER +++ 25HOURS-HOTELS.COM +++ 040/555575255 +++

2
ALTSTADT

+++ ERLEBEN +++

22. APRIL

213 LUFTANGRIFFE während des Zweiten Weltkriegs hinterließen ihre Spuren in der Bausubstanz, weswegen nur noch die nachgebaute und teilerhaltene Deichstraße die Bezeichnung »alt« verdient. Schon 1842 wütete der Große Brand, der ein Drittel der Altstadt vernichtete (siehe S. 72). Heute trifft man auf viele moderne Kontorhäuser, in denen gearbeitet und – nicht so edel wie in der Neustadt – eingekauft wird.
Nur noch 2300 Hamburger leben hier!

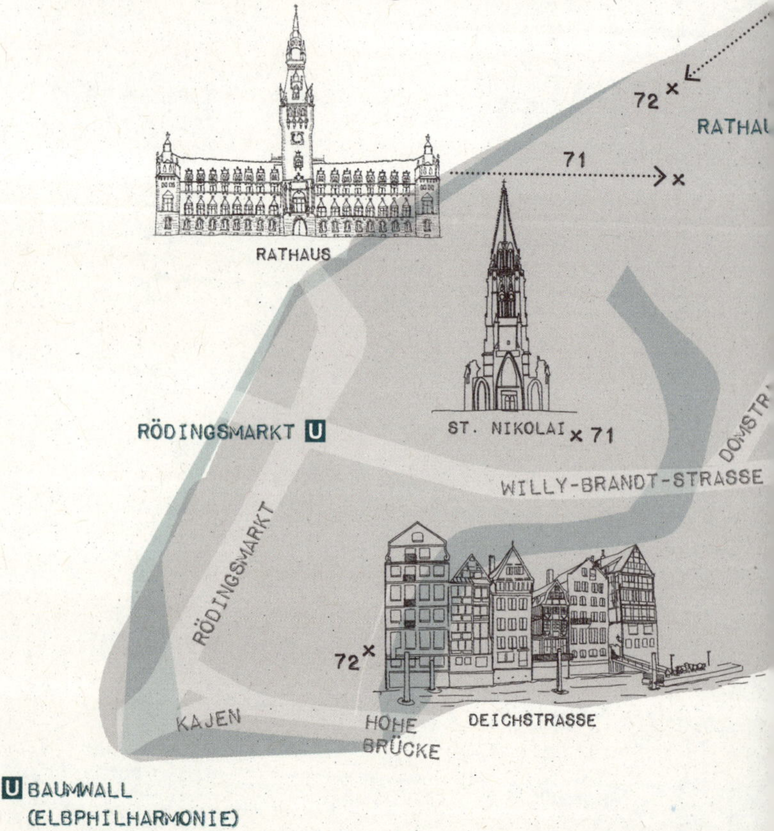

BUCERIUS KUNST FORUM
GLOCKENGIESSERWALL
DIE KATAKOMBEN DER KATASTROPHE
52
HAUPTBAHNHOF
56
DIE BANDS IM SCHAUFENSTER
STEINTORWALL
MÖNCKEBERGSTRASSE
60
EIN ERLEBNIS AUS EINER ANDEREN ZEIT
STEINSTRASSE
64
STRASSENKÄMPFE UND SUCHTDRUCK
KLOSTERWALL
STEINSTRASSE
70
BRANDSTWIETE
MESSBERG
DEICHTORPLATZ
KONTORHAUSVIERTEL
ALTSTADT-->

2 ALTSTADT

DIE KATAKOMBEN DER KATASTROPHE

DER »GEHEIME« ABC-BUNKER UNTER DEM HAUPTBAHNHOF

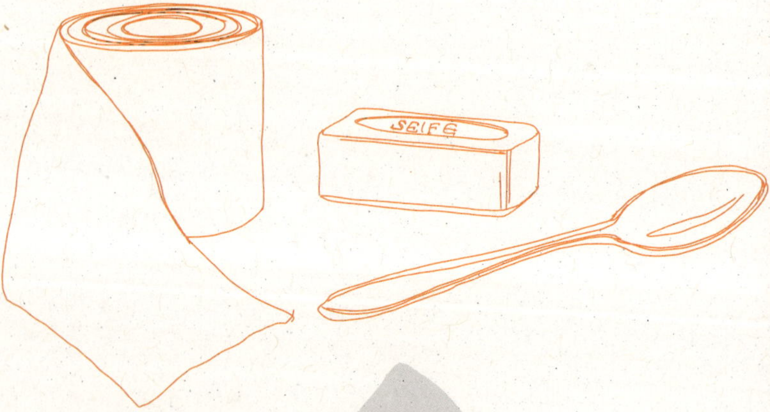

+ + + STECKBRIEF + + +

WO? HAUPTBAHNHOF HAMBURG (WESTSEITE/STEINTORWALL GEGENÜBER KARSTADT) +++ U3 HAUPTBAHNHOF +++ WANN? ETWA 14-TÄGIG, MEIST 14 UHR. TICKETS UND TERMINE ONLINE +++ HAMBURGER UNTERWELTEN.DE +++ WICHTIG! ES GEHT STEILE TREPPEN HINAB UND HAT KONSTANT 12 GRAD CELSIUS (WARME KLEIDUNG!) +++ WIE LANGE? ETWA 100 MINUTEN +++ WIE VIEL? 8 EURO +++

WÄHREND DER BESICHTIGUNG dieses Bunkers denke ich immer wieder: Was, wenn jetzt Ernstfall wäre? Wenn Bomben fielen und wir mit Tausenden anderen hier »gefangen« wären, auf der Flucht, eine Notgemeinschaft, zufällig zusammengewürfelt auf engstem Raum.

Unser Aufenthalt ist auf zwei Wochen ausgerichtet. Was wir »besitzen«: 1 Rolle Klopapier (der Durchschnittsverbrauch liegt bei 17,2 Blatt pro Tag), 1 Grubentuch, 1 Stück Seife, 1 Tüte, 1 Moltexdecke als Unterlage für die durchgeschwitzten Betten; außerdem 1 Trinkbecher, 1 Suppenschüssel, 1 Löffel (keine Messer und Gabeln, die man als Waffen oder Suizidwerkzeuge verwenden könnte …). Bei 2.702 Menschen sind die Temperaturen tropisch, die Luftfeuchtigkeit liegt bei 90 Prozent. Viren fühlen sich in diesem Klima wohl. Deshalb gibt es einen spartanischen Rettungsraum: mit wenig Medikamenten, dafür mit Leichensäcken.

DOCH DAS SCHLIMMSTE bleibt die klaustrophobische Enge – und die Langeweile. Denn Spiele oder Bücher sind nicht vorhanden. Dafür Sitze mit Gurten und Schaumgummistützen in Kopf und Nacken … Wir teilen uns mit drei Leuten im Wechsel eine Spannfedermatratze; sie sind in »Schlafsälen« zu 150 Stück als Dreierstockbetten gestellt. Acht Stunden dürfen wir ausruhen, die restliche Zeit müssen wir sitzen oder wenige Schritte tun. Zum Beispiel zu den Toiletten mit ihren Spiegeln aus polierten Metallplatten und Klokabinen, die einfach nur einen Vorhang haben.

»Für das körperliche Wohl ist in den kulinarischen Genusstempeln gesorgt«, merkt der etwas sarkastische Ehrenamtliche des Vereins Hamburger Unterwelten trocken an. Das Wichtigste an der dort ausgegebenen Komprimatverpflegung (= pulverförmige Mischnahrung) sind die 2.400 Kalorien, die sich auflösen lassen in warmem Wasser; man kann sie aber auch so verzehren … – Nein, schön wäre es hier in Wirklichkeit sicher nicht! Doch es ist wahnsinnig interessant, durch die betonierten Räume zu laufen und sich diese Was-wäre-wenn-Ausnahmesituation vorzustellen. Dass man sich dabei gruselt, gehört zu den Erkenntnissen, die man auf einer solchen Tour immer mitnimmt.

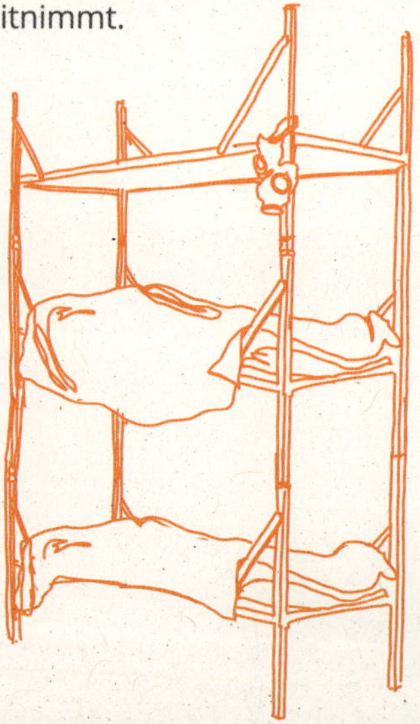

EIN BUNKERTRIP ist auch eine Schutzimpfung gegen rechtsnationalen Populismus und für das hohe Gut Frieden. Dabei war dieses dreigeschossige unterirdische Bauwerk sogar ein »Luxusbunker«. Es gab Notstromaggregate, Trinkwasserbrunnen und Filtersysteme, die selbst ABC-Gifte aus der Luft ziehen konnten. Lediglich einen Atombombenabwurf in einem Umkreis von zwei Kilometern hätte niemand überlebt: Dafür hat der größte Tiefbunker Hamburgs eine viel zu geringe Mauerstärke.
Obgleich ihn die Nazis in den letzten Kriegsjahren errichtet hatten, »entdeckte« man ihn zu Zeiten des Kalten Krieges neu. Die Einrichtung stammt original aus der Zeit zwischen 1964 und 69, ebenso die Leuchtfarbe zu den Ausgängen, die noch 20 Minuten nach einem totalen Stromausfall sichtbar bleibt. Spätestens wenn sich im Schleusengang automatisch und sehr schnell die Türen schließen, ziehen einem Szenen durch den Kopf, die sich hier, 12 bis 14 Meter unter dem wuseligen Hauptbahnhof, abspielen könnten – und man sieht die Nachkriegszeit und die Gegenwart wieder ein wenig anders …

WENN MAN SCHON MAL HIER IST:

Das 500 Meter entfernte **Kontorhausviertel** (siehe S. 70) □→ südlich der Altstädter Straße lohnt sich! Wer sich hinterher stärken möchte, kann einen Abstecher ins **Tschebull** (siehe S. 73) unternehmen. Noch etwas: Falls die Bunkertour gerade nicht stattfindet, bietet der Verein andere Reisen in die (Hamburger) Vergangenheit an (z. B. auf den Spuren der weltweit einzigartigen Hamburger Großrohrpost).

DIE BANDS IM SCHAUFENSTER

DIE KULTIGEN MINI-KONZERTE IM MICHELLE RECORDS

+ + + STECKBRIEF + + +

WO? GERTRUDENKIRCHHOF 10 +++ U3 MÖNCKEBERGSTRASSE +++ WANN? UNREGELMÄSSIG, ETWA 12-MAL IM JAHR +++ INFOS IM NEWSLETTER: INFO@MICHELLERECORDS.DE ODER AUF FACEBOOK ODER TELEFONISCH (OFT BELEGT): 040/326211 +++ WIE LANGE? ZWISCHEN 30 UND 40 MINUTEN +++ WIE VIEL? EINTRITT FREI! +++

2

»WIR WAREN DIE ERSTEN«, sagt André Frahm, einer der Besitzer des Plattenladens, als ich ihn nach einem Schaufensterkonzert kurz interviewe. »Weltweit?«, hake ich nach. »Nein«, winkt er ab, »aber in Deutschland.« Ständig unterbricht er sich, weil die Zuschauer Platten kaufen wollen. Richtig gehört, diese uralten Scheiben aus Vinyl, die im Michelle Records immer noch – und seit 2006 wieder verstärkt – über den Ladentisch wandern.

Seit 2000 gibt es diese wie improvisiert wirkende und legendäre Konzertreihe, deren Termine nicht an die große Glocke gehängt werden. Die Bands spielen aus Überzeugung, manche aus Verbundenheit mit dem Shop, der 2014 mit einem Echo geehrt wurde, als »Handelspartner des Jahres«. Eine Auszeichnung, die sonst nur iTunes und Amazon bekommen – zumindest in dieser Kategorie …

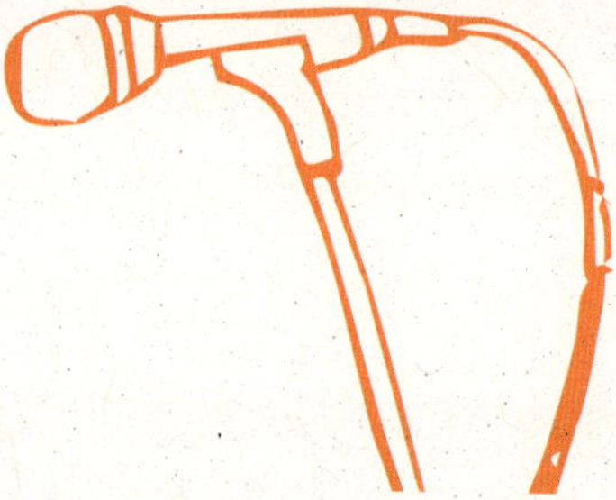

ES HERRSCHT WOHNZIMMERATMOSPHÄRE: nicht wenige der Gäste kennen sich. Der gar nicht so inspirierend eingerichtete Plattenladen darf als kreatives Spotlight des von funktionaler Blockkastenarchitektur umstellten Gertrudenkirchhofs gelten. Hinten im Laden kann man Bier aus zwei Kästen kaufen, für faire zwei Euro die Flasche. Im Raum selbst ertönt als eine Art Vorband Independent-Sound, niemals Charts-Musik – zumindest keine, die einlullen und sich im Pop-Sein erschöpfen will. Wenn man die Augen von den vielen Regaltischen löst und nach oben guckt, sieht man die Plakate derer, die hier schon gewesen sind und ihre Zeichnungen und Messages hinterlassen haben: ziemlich bekannte Bands darunter, *Maxïmo Park*, *Queens of the Stone Age* oder *Gonzales*. Die Darbietung von *Calexico* brachte zur Jahrtausendwende den Durchbruch für diese Mini-Konzerte. Seither waren auch Hamburger Gruppen zu hören – *Tomte*, *Kettcar*, *Rantanplan* oder *Kante*, die ihren Auftritt so kommentierten: »Es war heiß, und es war schwül. Hat aber natürlich Spaß gemacht wie Hupe.« Das »natürlich« sagt viel über die Besonderheit dieser Stage-Serie. Es ist auch eine Ehre, hier aufzutreten.

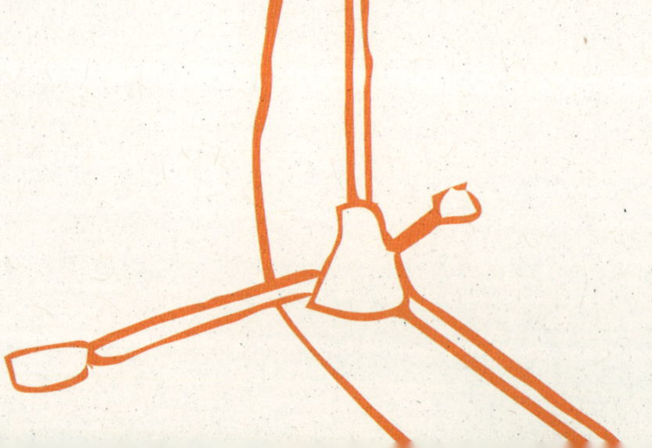

IM SCHAUFENSTER STEHEN ein Mikrofonständer und ein Schlagzeug. Der Bassist hängt sein Werkzeug um, und der Herr am Synthesizer komplettiert das Quartett, das sich *Die Regierung* nennt. Melancholisch-skeptische Texte werden mit Indie-Rock, Grunge- und Punk-Elementen aufgemischt.

Die Songs machen Laune, die Zuschauer gehen gut mit, Bierflaschen klirren aneinander, fast bedauere ich, dass nicht geraucht wird. Zwischendurch kommen neue Zuschauer, wenige verschwinden. Passanten rocken am Schaufenster vorbei. Mehrmals läuft ein Musiker mit einem Kontrabass an dem kleinen Laden vorüber. Er stößt nicht dazu, doch es hat den Anschein, als würde er gerne mitspielen … Es gibt auch Konzerte, bei denen draußen gewartet und mitgetanzt wird.

Nach 30 Minuten ist die Show vorbei. Die Bands spielen zu späterer Stunde in etwas größeren Lokalen vor mehr Zuschauern. Lediglich die Fernsehbiere hätten durch spannendere Kreationen der Hamburger Craftsbeerszene (siehe S. 172) ersetzt werden dürfen. Ich hätte auch einen oder zwei Euro mehr gezahlt.

WENN MAN SCHON MAL HIER IST:

Vor dem Schaufensterkonzert kann man das fußläufig entfernte **Rathaus** ⇨ (siehe S. 71) oder das **Bucerius Kunst Forum** (siehe S. 72) besuchen. Wer hinterher etwas zu essen braucht und Burger mag, macht hier alles richtig: **Brooklyn Burger** (siehe S. 73). Danach empfiehlt sich das **Le Lion** (siehe S. 74), das seit seiner Eröffnung und bis heute zu den besten Bars der Welt gehört …

EIN ERLEBNIS AUS EINER ANDEREN ZEIT

DIE 30-MINÜTIGEN ORGELKONZERTE IN ST. JACOBI

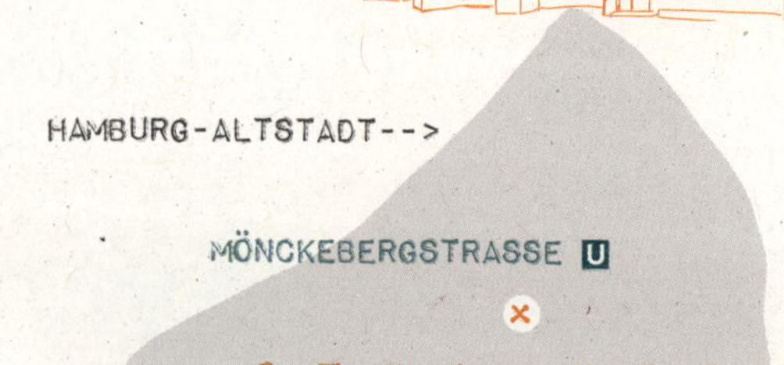

+ + + STECKBRIEF + + +

WO? ST. JACOBI. JAKOBIKIRCHHOF +++ U3 MÖNCKEBERGSTRASSE +++ WANN? DONNERSTAG UM 16.30 UHR +++ INFOS UNTER JACOBUS.DE +++ WIE LANGE? 30 MINUTEN +++ WIE VIEL? EINTRITT FREI! +++

ES IST LÄNGER HER, dass ich bei einer klassischen »Musikveranstaltung« gewesen bin, auf einem Orgelkonzert war ich noch nie. Die Kirche ist um 16 Uhr von exakt 17 Musikliebhabern »bevölkert«. Ein Obdachloser schläft hinter mir. Ein irre bepackter Rucksacktraveller stößt dazu. Jetzt sind wir 18.

Arp Schnitger, denke ich, wäre enttäuscht, wenn er die Resonanz auf sein Meisterwerk sehen könnte. Der berühmteste Orgelbauer seiner Zeit, der selbst nach Russland und Portugal exportierte, schuf das 18-Meter-Instrument im Jahr 1693. Kein Geringerer als der Schriftsteller, Musikverleger und ausgebildete Orgelbauer Hans Henny Jahnn setzte sich dafür ein, dass das Schnitger-Stück nach dem Ersten Weltkrieg erneut den Kirchenraum ausfüllte: klanglich voluminös, aber auch optisch ansprechend.

WIR WARTEN UND HARREN AUS, jeder auf seiner weit ausladenden Kirchenbankinsel. Die, die zu zweit gekommen sind, vertreiben sich mit Flüstereien die Zeit, andere lesen Zeitung. Nach und nach tröpfeln Menschen ins Kircheninnere. Nahezu alle werfen einen Blick auf das Instrument.

So wie sie heute dasteht, die mächtige Orgel an der Hinterwand von St. Jacobi, ist sie eine originalgetreue Replik, da das Gehäuse und der Spieltisch im Zweiten Weltkrieg verbrannten. Den weitaus größten Teil der Pfeifen, Schnitzwerke und Windladen konnte man in einem Bunker unter dem Kirchturm vor den alliierten Bombenangriffen schützen.

Als das Konzert beginnt, sind es dann doch mehr als 80 Menschen, die sich auf dem Kirchengestühl versammelt haben. Nur der Obdachlose schläft noch immer.

Heute stehen Nicolaus Bruhns (1665–1697), Johann Sebastian Bach (1685–1750) und Niels Wilhelm Gade (1817–1890) auf dem Spielplan; als modernstes Stück wird Max Regers *Melodia B-Dur* (1913) aufgeführt. Was mich wundert: Vom Kantor und Organisten Gerhard Löffler ist nichts zu sehen. Es gibt keine Einführungen, nirgends. Dadurch ist es nicht immer leicht, zu verstehen, wann ein Musikstück endet und eines anfängt.

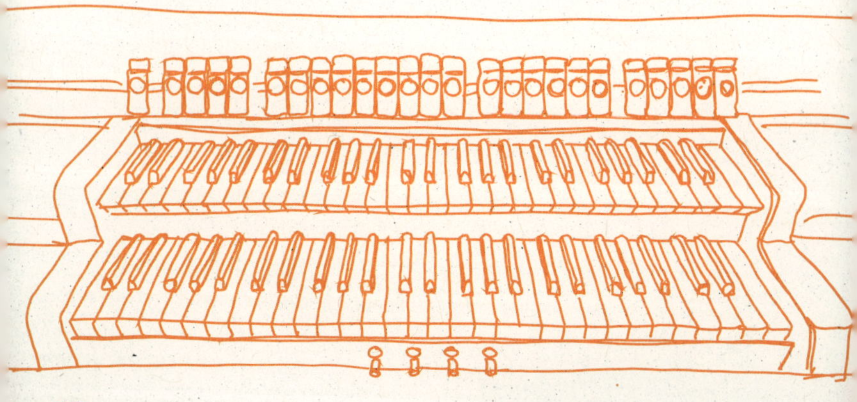

NATÜRLICH, BACH IST HERAUSZUHÖREN!

Die Melodik und Harmoniesucht des Barockkönners überstrahlt die gar nicht so hellen Kirchenschiffe mit einer Klarheit, die auch nach Jahrhunderten noch sehr besonders ist. Dann, bei Bruhns, wieder der Klangteppich, der einen aufrüttelt und an das erinnert, was einen danach erwartet: die Welt.

Zuvor war man leise, schloss die Augen, hörte zu. Nur der Obdachlose räusperte sich im Schlaf. In manchen Crescendo-Momenten hatte ich das Gefühl, die Orgel bäumte sich hinter mir auf wie ein wohlwollendes Ungeheuer. Gerhard Löffler war der Bändiger dieses Instruments – und blieb im Hintergrund. Wer weiß, vielleicht wären sonst Zugaben gefordert worden. So verläuft sich die kleine Menschenmenge.

Vermutlich sind es gar nicht die alten Bauwerke, denke ich, wahrscheinlich ist es die Musik, die die Vergangenheit in die Gegenwart zieht. Dabei verhält es sich wie stets mit der Kunst: Sobald man sich auf sie einlässt, erlebt man etwas Zurückgenommenes, eine unerwartete Ruhe, Selbstbesinnung. Man muss ja nicht gleich wieder in die Kirche eintreten …

WENN MAN SCHON MAL **HIER** IST:

In solch einer heruntergedimmten, in sich gekehrten Stimmung lohnt es sich, das kleine **Nachtasyl** (siehe S. 74) zu besuchen: einen intimen Raum des **Thalia Theaters** (siehe S. 74) □→. Wer vorher ein wenig sightsehen mag, kann durch die 15 Gehminuten entfernte **Deichstraße** schlendern (siehe S. 72) und im sehr netten **Ti Breizh** (siehe S. 73) einkehren.

STRASSENKÄMPFE UND SUCHTDRUCK

MIT EX-OBDACHLOSEN DURCH DIE ALTSTADT

+ + + S T E C K B R I E F + + +

WO? ALTSTÄDTER TWIETE 1–5 (REDAKTION HINZ & KUNZT) +++ U3 MÖNCKEBERGSTRASSE +++ HINZUNDKUNZT.DE (PROJEKT/HAMBURGER NEBENSCHAUPLÄTZE) +++ WANN? ZWEITER UND VIERTER SONNTAG IM MONAT UM 15 UHR +++ WIE LANGE? ETWA 90 MINUTEN +++ WICHTIG! ERST FÜR JUGENDLICHE AB 17 JAHREN +++ WIE VIEL? 10 EURO, ERM. 5 EURO +++

DER KOPF BRAUCHT STRUKTUR.

Das ist einer der Sätze, die hängen bleiben. Außerdem erfahre ich, wie viel Euro ein Obdachloser am Tag benötigt. Im Regelfall ist es viel, sehr viel, weil nicht wenige Obdachlose drogenabhängig sind – die Struktur … Und kennen Sie den Unterschied zwischen wohnungs- und obdachlos?

Sonntag, 15 Uhr, in der Zentrale von Hinz & Kunzt, dem Hamburger Straßenmagazin: Harald (53) und Chris (47) nehmen Scheine entgegen wie kleine Stars, deren Stimmen in den nächsten Stunden gefragt sind. Da die hiesigen Zeitungen diesmal vergessen haben, auf den fixen Termin hinzuweisen, sind es »nur« etwa 35, die sich für die Obdachlosentour interessieren. »Meist sind wir mit 50 Leuten unterwegs«, sagt der aus Nürnberg stammende Harald, der duzt und geduzt werden will. »Diese Arbeit ist ein Traumjob, ich will gar nichts anderes mehr machen, ein Jackpot.«

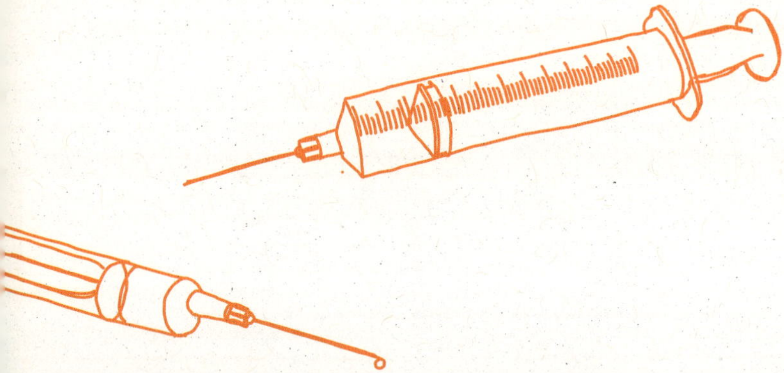

MAN MERKT HARALD AN, wie dankbar er dafür ist, dass die Zeit der Straßenkämpfe vorüber ist. Die Zeit des Suchtdrucks. Die Zeit der ständigen Angst. »Wenn du viel alleine und auf der Straße bist, denkst du ständig nach.« Chris pflichtet ihm bei. Man sei auch deshalb allein, weil die anderen 2.000 Obdachlosen der Stadt die gleichen Probleme haben und ihre eigenen Wege gehen. »So schnorrt es sich leichter«; außerdem, fügt Chris hinzu, hat man sein altes Umfeld hinter sich gelassen. Die wenigsten Obdachlosen stammen aus Hamburg. Sie »flüchten« aus dem Süden Deutschlands und dem einstigen Ostblock. »Die Scham ist zu groß, einen ehemaligen Schulfreund oder Kollegen zu treffen.« Überhaupt »Scham«: Das Wort fällt oft, die zwei sehen diese Touren auch als Therapie, obwohl sie schon so viele Jahre clean sind. Niemand lebt gern auf der Straße.

Wie schnell es gehen kann, erzählt Harald. Er war verheiratet, vier Kinder, seine Frau ließ sich scheiden. Nach wenigen Wochen, in denen er bei einem Freund untergekommen war, griff er auf ein altes Muster aus seiner Jugend zurück: Drogen. Dann ging es ganz, ganz schnell. Schnell abwärts. Da stehen wir bereits bei der ersten Station und blicken aufs Drob Inn.

ES HANDELT SICH um eine Einrichtung, in der Junkies in drei Drückräumen zu je sechs Personen unter Aufsicht spritzen dürfen. »Bei einer Überdosis bist du nach 5 Minuten behindert, nach 15 tot.« Hier sind Krankenpfleger, die sofort eingreifen und Gegenmaßnahmen einleiten. Weiter geht es zu Stützpunkten und Tagesstätten, etwa dem Herz As in der Norderstraße oder der Bahnhofsmission.
Es sind nicht die Stationen, die die Tour so beeindruckend machen. Beeindruckt bin ich von den zwei Protagonisten. Von Harald und Chris, die selbstbewusst dastehen und offen erzählen, ohne ins Peinliche abzugleiten. Von »Lügenbrücken« ist die Rede, die man sich auf der Straße aufbaut, vor sich, vor anderen. Chris trank drei Flaschen Wodka am Tag – bevor er Hinz & Kunzt entdeckte, wo er seither fest angestellt ist. Er wird keinen Schnaps mehr anrühren. Harald ist seit 15 Jahren »sauber«. Respekt! Auch vor der Straßenzeitschrift, die 2018 ihr 25-Jähriges feierte und so lange Gutes bewirkt. Ex-obdachlos ist letztlich heilsamer als »auf ex«.

WENN MAN SCHON MAL HIER IST:
Nach der Tour, die einen auf ehrliche Weise »mitnimmt«, könnte man sich eine kleine Pause gönnen, z. B. im **JusTea** ⮕ (Mohlenhofstr. 5, Mo–Sa 12–19.30 Uhr, So 14–18.30 Uhr), wo man sehr guten Bubble Tea bekommt. Was das ist? Ein taiwanisches (Schwarz-)Teegetränk mit Milch, Fruchtsirup und Stärkekügelchen; probieren!

WENN MAN SCHON MAL IN DER ALTSTADT IST

+++ SEHEN +++

+++ ESSEN +++

+++ AUSGEHEN +++

+++ SHOPPEN +++

+++ SCHLAFEN +++

2

+++++++++++++ SEHEN +++++++++++++

KONTORHAUSVIERTEL

Das Viertel mit seinen backsteinroten Handelskathedralen aus den 20er-Jahren wurde mitsamt der Speicherstadt von der UNESCO ausgezeichnet. Zu Recht, Gebäude wie der **Sprinkenhof** und das **Chilehaus** sind weltweit einzigartig! Man fühlt sich an den expressionistischen Stummfilmklassiker *Metropolis* erinnert. Dazu passt, dass im **Meßberghof** einst Zyklon B hergestellt wurde ... Heute befindet sich dort ein gut besuchtes Kakaomuseum: das **Chocoversum**. Auch das **Pressehaus der ZEIT** gehört als westlicher Ausläufer zum Kontorhausviertel.

+++ ZWISCHEN STEINSTRASSE, KLOSTERWALL UND WILLY-BRANDT-STRASSE +++ U3 MESSBERG ODER U3 STEINSTRASSE +++ AUF KONTORHAUSVIERTEL.COM SIND SÄMTLICHE GEBÄUDE GENAU ERKLÄRT +++

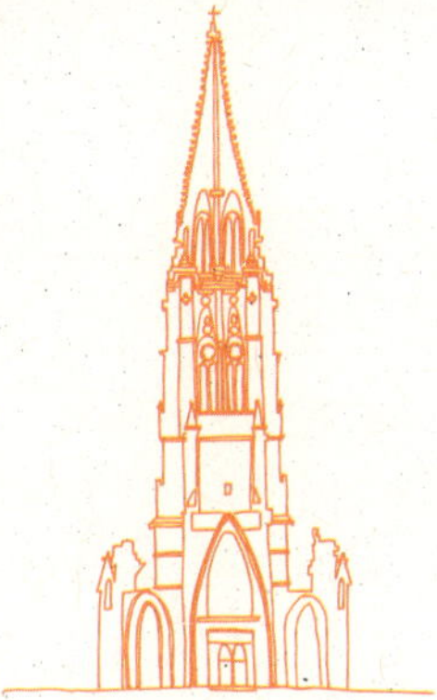

ST. NIKOLAI

Das Weltkriegsmahnmal von Hamburg. Die arg strapazierte Kirche mit ihrem 147,3 Meter hohen Turm – er diente Bomberpiloten zur Orientierung – war von 1874 bis 1877 das höchste Bauwerk der Welt. In der Krypta befindet sich eine sehr gut gemachte Ausstellung zu den Schrecknissen des Zweiten Weltkriegs, wobei es auch um zerstörte Städte wie Coventry, Warschau und Rotterdam geht.

+++ HOPFENMARKT +++ U3 RÖDINGSMARKT +++ MAHNMAL-ST-NIKOLAI.DE +++ MAI–SEPT. TÄGL. 10–18 UHR, OKT.–APRIL TÄGL. 10–17 UHR +++ TICKET 5 EURO, KINDER (6–17 J.) 3 EURO +++

RATHAUS

Die Führung kostet gerade mal 5 Euro und lohnt sich! Das »Schloss der Hansestadt« von 1897 dient als Amtssitz von Bürgerschaft und Senat und ist nicht nur von außen ein Hingucker. Die schönsten der knapp 650 (!) Räume sind prunkvoll ausgekleidet, z. B. mit Mahagoni-Arbeiten, marokkanischen Marmorsäulen und Büffelleder.

+++ RATHAUSMARKT +++ U3 RATHAUS +++ TERMINE FÜR FÜHRUNGEN UNTER HAMBURG.DE/RATHAUSFUEHRUNG +++

BUCERIUS KUNST FORUM

Falls es eine Kunstausstellung für zwischendurch sein soll, bei der man nicht (!) das Gefühl hat, sich geistig zu überfressen, sind Sie hier richtig. Die Galerie ist nach dem Medienmagnaten, Mäzen und Ehrenbürger Gerd Bucerius (1906–1995) benannt – und zeigt höchstens 100 Werke, von denen einige immer wieder aus dem MoMA oder dem Louvre entliehen werden ... Natürlich, das Thema der jeweils aktuellen Bilderschau muss einem zusagen.

+++ ALTER WALL 12 +++ U3 RATHAUS +++ BUCERIUSKUNSTFORUM.DE +++ TÄGL. 11–19 UHR, DO BIS 21 UHR +++ EINTRITT 9 EURO, KINDER UND JUGENDLICHE UNTER 18 J. FREI! MONTAG 6 EURO +++ EIN AUDIOGUIDE (DEN ICH EMPFEHLE) KOSTET GERADE MAL 2 EURO EXTRA +++

⇽□ DEICHSTRASSE

Hamburgs Versuch, die Vergangenheit in einem Straßenzug nachzubilden. Doch, das ist gelungen, wenn auch manchmal ein wenig touristisch! Von den Hausnummern 38 und 42 breitete sich übrigens der Große Brand über die Elbstadt aus, der im Mai 1842 mehr als 20.000 Hamburger obdachlos machte und 2.000 Fachwerkhäuser und Speicher zerstörte, von den Toten und Verletzten ganz zu schweigen ... Anders gesagt: So sah Hamburg vor der Feuerkatastrophe und dem Zweiten Weltkrieg aus.

+++ U3 RÖDINGSMARKT ODER BAUMWALL +++

TSCHEBULL

Die Kritiker des *Gault Millau* sind immer wieder begeistert. Dafür sind die österreichischen Speisen etwas teurer, doch es gibt auch ein Speedlunch zur Mittagszeit (ca. 25 €).

+++ MÖNCKEBERGSTR. 7 (IM LEVANTEHAUS) +++ U3 MÖNCKEBERGSTRASSE +++ TSCHEBULL.DE +++ 040/32964796 +++ MO–SA 12–16/18–23.30 UHR (KÜCHE BIS 21.30 UHR) +++

BROOKLYN BURGER BAR

Einer der besten Burgerläden von Hamburg! Dafür sprechen auch die selbst gebackenen Brötchen und das Fleisch aus artgerechter Haltung.

+++ ALTER FISCHMARKT 3 +++ U3 RATHAUS +++ BROOKLYNBURGERBAR.DE +++ 040/34994866 +++ MO–FR 12–15 UHR UND AB 18 UHR, SA 12–16.30 UHR UND AB 18 UHR. KÜCHE TÄGL. BIS 23 UHR +++

TI BREIZH

Erstklassige Crêpes oder Galettes, die man montags bis freitags zwischen 12 und 15 Uhr in einem Gran Menu zu ca. 10 Euro bekommt, inkl. kleinem Cidre oder Petit Noir. Im Sommer sitzt man auf einem Ponton des Nikolaifleets und schaut auf die Prachtfassaden der Deichstraße.

+++ DEICHSTR. 39 +++ U3 RÖDINGSMARKT +++ TIBREIZH.DE +++ 040/37517815 +++ TÄGL. 12 BIS CA. 0 UHR (KÜCHE SCHLIESST UM 22 UHR) +++

CAFÉ PARIS

Die Geräuschkulisse ist gewöhnungsbedürftig. Davon abgesehen sitzt man gut, und es schmeckt. Die originale Jugendstilkuppel von 1882 kann man genauso wie die Macarons genießen.

+++ RATHAUSSTR. 4 +++ U3 RATHAUS +++ CAFEPARIS.NET +++ 040/32527777 +++ MO–FR 9–23.30 UHR, SA/SO AB 9.30 UHR +++

AUSGEHEN

THALIA THEATER/NACHTASYL

Das Thalia Theater ist eine Institution in Hamburg; selbst *Tocotronic* und John Irving traten hier schon auf. Das Nachtasyl im 5. Stock bleibt für Zwei-Personen-Stücke und als Bar ein Geheimtipp.

+++ ALSTERTOR 1 +++ U1/2 ODER S1/3 JUNGFERNSTIEG +++ THALIA-THEATER.DE +++ 040/32814444 +++

LE LION

Sie betreten eine Bar, die 2008 zu einer der fünf (!) besten weltweit gekürt wurde und 2015 in die Top 20 kam. Das merkt man nicht nur an der Beratung, sondern auch daran, dass man am Eingang klingelt.

+++ RATHAUSSTR. 3 +++ U3 RATHAUS +++ LELION.NET +++ 040/334753780 +++ MO-SA 18-3 UHR, SO BIS 1 UHR +++

SHOPPEN

BRENDLER

Sehr hamburgisch und maritim geht es in diesem Laden in Rathausnähe zu. Man bekommt Manschettenknöpfe mit Ankermotiv, aber auch einen Tropenhelm oder einen Panamahut.

+++ JOHANNISSTR. 15 +++ U3 RATHAUS +++ MO-MI 9.30-18 UHR, DO/FR BIS 18.30 UHR, SA BIS 16 UHR +++

CARL FEDDERSEN SEA SHOP

Wesentlich handfester und heutiger kann man sich hier für das (eventuell mögliche) Schietwetter präparieren – dank Dufflecoat oder »Elbsegler«. Das Geschäft gründete der Vater von Helga Feddersen.

+++ DEICHSTR. 35 +++ U3 RÖDINGSMARKT +++ MO-SA 10-18 UHR +++

+++++++++++ SCHLAFEN +++++++++++

HENRI

Ein Schmuckstück von einem Vintage-Hotel, was sich allerdings in den Preisen zeigt ... Trotzdem, wer bereit ist, etwa 200 Euro zu zahlen, wird nicht enttäuscht sein. Unter der Woche sind manchmal Angebote zu 140 Euro möglich. Für kleines Geld kann man das Spa mit Dampfbad und Finnischer Sauna nutzen.

+++ BUGENHAGENSTR. 21 +++ U3 MÖNCKEBERGSTRASSE +++ HENRIHOTEL.COM +++ 040/554357557 +++

PENSION AM RATHAUS

Zentral und günstig ist selten. Hier funktioniert es, wobei man im DZ zu ca. 55 Euro mit einem Etagenbad und -WC klarkommen muss. 15 Zimmer auf zwei Stockwerken, von denen das untere Holzdielen hat. Aufschläge an Wochenenden, Feiertagen und während Großveranstaltungen. Kein Frühstück! Ein WC und Bad im DZ ist leider teurer.

+++ RATHAUSSTR. 14 +++ U3 RATHAUS +++ PENSION-AM-RATHAUS.DE +++ 040/337489 +++

2712

3
ST. GEORG UND DIE AUSSENALSTER

+++ ERLEBEN +++

92
IMAM-ALI-MOSCHEE
DIE KLEINEN KANÄLE
84 DES GROSSEN SEES
MUNDSBURG
AUSSENALSTER 90
AUSSENALSTER
AN DER ALSTER
9
LANGE REIHE
ROSTOCKER STRASSE
91
HAMBURGER
KUNSTHALLE
UND GALERIE
DER GEGENWART
STEINDAMM
EINE
ZIRKUSVORSTELLUNG
FÜR ERWACHSENE
80
S
HAUPTBAHNHOF
U
ADENAUERALLEE
BEIM STROHH
92

ST. GEORG WAR BIS zur Jahrtausendwende ein Stadtteil der Außenseiter. Lange davor befanden sich hier der Galgen, eine mittelalterliche Mülldeponie, eine Quarantänestation für Leprakranke, ein Pestfriedhof und sogar Viehweiden. Erst der Bau des Hauptbahnhofs und des Hotels Atlantic zu Beginn des 20. Jahrhunderts brachten den ersten Aufschwung. Inzwischen schreitet auch im Szeneviertel St. Georg der soziale Strukturwandel (Stichwort »Gentrifizierung«) voran. Selten zugunsten der 11.000 Einwohner, zu denen einer zählt, der davon nicht betroffen ist: Udo Lindenberg, Star- und Stammgast im »Weißen Schloss an der Alster«.

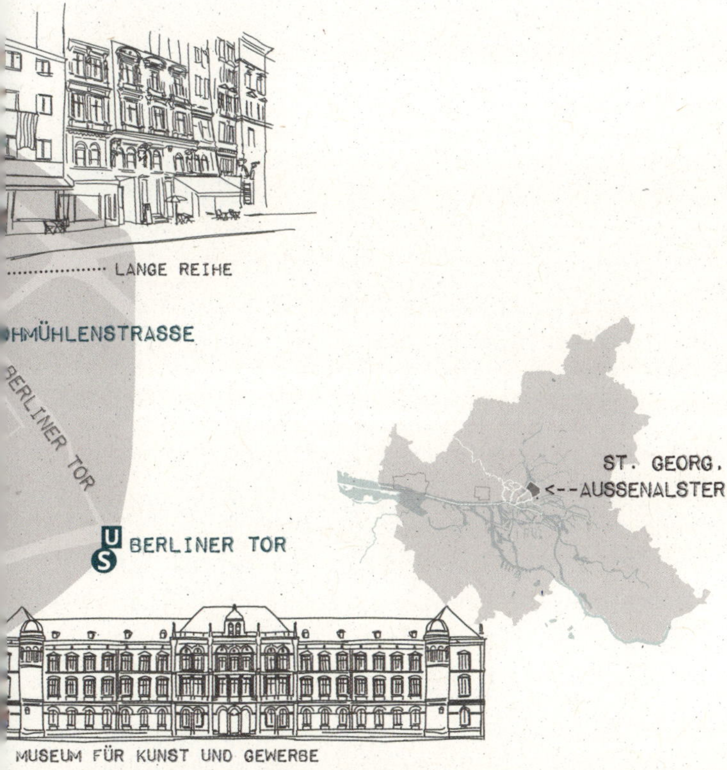

EINE ZIRKUSVORSTELLUNG FÜR ERWACHSENE

IM HANSA-VARIETÉ-THEATER

+++ STECKBRIEF +++

WO? STEINDAMM 17 +++ U3 HAUPTBAHNHOF +++ WANN? DAS VARIETÉ-PROGRAMM FINDET TRADITIONELL VON ENDE SEPTEMBER BIS ANFANG FEBRUAR STATT: MEIST DIENSTAG BIS SONNTAG UM 19/20 UHR. AB 2020 WERDEN IN DEN ANDEREN MONATEN ZUSÄTZLICH MUSICALS, MUSIKKABARETT UND KONZERTE GEGEBEN +++ HANSA-THEATER.DE +++ WIE LANGE? ETWA 2,5 STUNDEN +++ WIE VIEL? ETWA 40 BIS 70 EURO. AM GÜNSTIGSTEN IST ES MEIST DIENSTAGS, MITTWOCHS ODER SONNTAGS +++ WICHTIG! WÄHREND DER AUFTRITTE DARF NICHT FOTOGRAFIERT WERDEN! +++

WIR BETRETEN DAS THEATER wie eine Zeitmaschine. Ein höflicher Portier in Fantasieuniform und Mütze begrüßt uns, vergoldete Geländerknäufe und samtene Tapeten beamen uns zurück in die Ära des Wirtschaftswunders – und meine Begleiterin witzelt: »Wenn wir heute für jeden, der hier unter 50 ist, einen Schnaps bekommen, werden wir nicht betrunken.« Nein, das ist nicht diskriminierend gemeint! Es ist schlicht die Wahrheit.

Manche der Gäste haben ihre Eltern eingeladen, andere scheinen das Gebäude noch aus seiner besten Zeit zu kennen – als es unter dem Slogan »Nie im Fernsehen!« außerordentlich populär war. Doch auch heute, im 125. Jubiläumsjahr, sind die meisten der 491 Polsterstühle besetzt.

WIR BEFINDEN UNS original in den 50ern und können uns bildlich vorstellen, wie Jahrzehnte zuvor Asta Nielsen, Josephine Baker, die *Comedian Harmonists*, der Entfesselungskünstler Houdini und der Meisterjongleur Rastelli auf genau diesen Brettern auftraten. Nicht nur Berlin konnte Varieté!

Ein schwarz-weiß gewandeter Kellner bringt uns zu unseren Plätzen. Im Theatersaal, dem Herzstück des Hauses, der seit 1953 nahezu nicht verändert wurde, hört man lustiges Besteckgeklapper. Und der »Ruf-Schalter« an den kleinen Tischen ist eine Show für sich. Wir probieren ihn sofort aus, bestellen einen »Theaterteller« für 18 Euro (»Zirkuspreise«, sagt meine Begleiterin) und freuen uns. Darüber, dass wir in einer Parallelwelt gelandet sind, in der Smartphones und soziale Medien keine Rolle spielen. Selbst der Gang auf die Toiletten lohnt sich. Oder, wie es der Conférencier dieser Nacht später sagen wird: »Schöner pinkeln können Sie nirgendwo!«

Das Gebäude selbst gilt als Old Boy unter den Theatern der Stadt. Im Zweiten Weltkrieg wurde es zerbombt. Doch schon im August 45 nahm man den Varietébetrieb wieder auf und eroberte sich seinen Platz als führende Auftrittsbühne der Nachkriegszeit. Bereits in den 90ern des 19. Jahrhunderts und in den Roaring Twenties der Weimarer Republik war das Hansa-Theater eine Institution.

DIE VORSTELLUNG IST SO, wie man sich eine Show in Las Vegas vorstellt. Sicher, man muss solche Aufführungen mögen, aber man kann sich auch hingeben und faszinieren lassen. Zum Beispiel vom mazedonischen Puppenspieler Alex Mihajlovski, der seinen Kompagnon Barti mit mehr als 40 Fäden versehen hat. Oder von der »Schlangenfrau« Maria Șarach, die sich derart verbiegt, dass man schon vom Zuschauen leichtes Rückenziehen bekommt … Oder von Hans Davis, der mit seinen Händen selbst Szenen aus *Stars Wars* und aus *E.T.* als Schattenspiel auf die Leinwand zaubert. Oder vom Akrobaten-Duo *Kvas*, zwei Brüdern, die Muskeln an allen möglichen und unmöglichen Stellen haben. – Apropos Las Vegas: Dort treten einige dieser »Klein«-Künstler mit ihren nicht ganz ungefährlichen Nummern tatsächlich auf. Andere wie *Siegfried & Roy* starteten im Hansa-Theater ihre Weltkarrieren.

Lediglich die etwas ausgeleierten Männer-und-Frauen-Witze des Moderators gehen uns sanft auf die Nerven. Andererseits: Wir befinden uns ja in der Nachkriegswelt, wo man Rollenklischees nicht hinterfragte …

WENN MAN SCHON MAL **HIER** IST:

Der **Steindamm** und besonders der **Hansaplatz** sind die Böse-Buben-Ecken St. Georgs. Doch keine Sorge, wenn Sie einem Dealer nicht gerade die Drogen klauen, bleiben Sie unbehelligt! Für einen späten Nachtdrink empfiehlt sich die **Lange Reihe** (siehe S. 91) □→: z. B. **CUBE** in Nr. 88, wo es täglich bis mindestens 0 Uhr Cocktails gibt. Vor dem Besuch des Varietés könnte man im **Kouros** (siehe S. 93) gut griechisch essen.

DIE KLEINEN KANÄLE DES GROSSEN SEES

DIE OSTERBEK-GOLDBEK-RUNDE

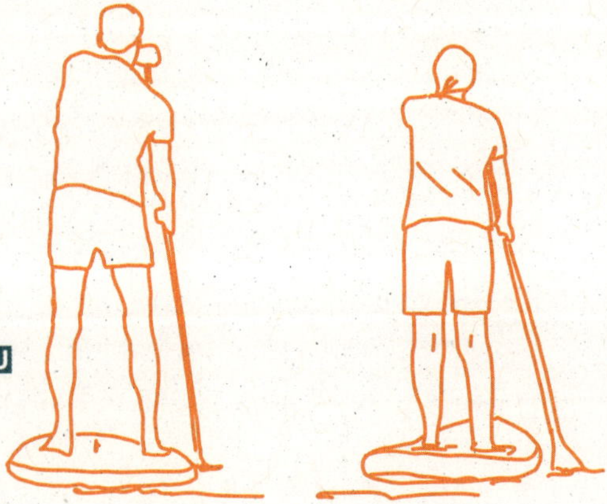

+ + + STECKBRIEF + + +

WO? SCHÖNE AUSSICHT 20A (HANSA STEG/BOOTSVERMIETUNG STUTE) +++ U3 MUNDSBURG ODER BUS 37 MUNDSBURGER BRÜCKE +++ WANN? 1. APRIL BIS 30. SEPTEMBER DI–SA 13–20 UHR. SO/FEIERTAGE 11–20 UHR +++ HANSA-STEG.DE +++ WIE LANGE? ETWA 2 STUNDEN. OHNE KINDER CA. 90 MINUTEN +++ WICHTIG! DIE RETTUNGSWESTEN FÜR KINDER UND ERWACHSENE WERDEN GESTELLT +++ WIE VIEL? TRETBOOTE/RUDERBOOTE/KANUS 14 EURO PRO STUNDE FÜR 2 ERWACHSENE (PRO KIND WERDEN ES 2 EURO MEHR) +++

WIR HABEN UNS einen Spätsommernachmittag ausgeguckt und besteigen: ein Tretboot. Es schwankt, unsere Kinder sind vorsichtig – und wir schaukeln in der Nähe des Ostufers auf der Außenalster. Geschafft! Mit unseren dicken Rettungswesten merken wir allerdings schnell: Die trägt in Hamburg keiner. Man will schließlich gut aussehen, auf einem Boot in einer Weltstadt, die von der Wasserseite ihre Faszination entfaltet. Stadtbesichtigung einmal anders!

Apropos: Das »Hamburger Meer« geht ursprünglich auf Graf Adolf III. zurück. 1190 ließ er die Alster stauen, um eine Kornmühle zu betreiben. Erst im 17. Jahrhundert entstanden die Binnen- und Außenalster durch die Errichtung von Wehranlagen. Was uns noch stärker reizt, sind die kleinen, verschlungenen Kanäle, die von der Spiegelfläche des großen Sees abzweigen. Zwei davon sind der Osterbek- und der Goldbekkanal, auf denen man 7 Kilometer lang sanft dahingleitet.

WIR SCHLÄNGELN UNS durch eine Jugendregatta hindurch, bevor wir den Feenteich erreichen und in den Uhlenhorster (geradeaus) und den Hofwegkanal (links) einbiegen. Haubentaucher und Möwen schwimmen neben uns her, in ausladenden Villengärten starten Wildgänse in einen weiten Himmel. Der Osterbekkanal beginnt rechter Hand. Weil unsere Kinder unbedingt hinters Lenkrad wollen, begreifen wir, dass man sich nicht zwingend Freunde macht, wenn man unerwartet ausschert … »Touristen!«, knurrt ein bärbeißiger Einheimischer. Soll er; unsere Stimmung ist zu gut, um uns aufzuregen.

Im gebremsten Schlingerkurs geht es weiter. Die dicht ans Wasser gebauten Häuser haben was – und die Straßen, die direkt vor den Kanälen aufhören, als wäre ihnen plötzlich der Asphalt ausgegangen … Nach der zweiten Brücke taucht links das Kampnagel-Gelände auf, ein Kulturzentrum für zeitgenössische Experimentierkunst. Schräg gegenüber liegt der Johannes-Prassek-Park, der nach einem Lübecker Widerstandskämpfer gegen das Naziregime benannt ist. Das eigentliche Dschungelerlebnis startet, wenn man linker Hand in den Barmbeker Stichkanal einfährt und im Norden nach zwei weiteren Brücken den Goldbekkanal erreicht.

HIER LIEGT DER STADTPARKSEE, in dem sich gechillte Jugendliche mit einem Bierkasten im Ruderboot treiben lassen. Sanfter Hanfgeruch weht herüber, eine Schwimmerin überholt uns. Auch Stand-up-Paddler und Kanuten sind unterwegs. Doch nicht so viele, dass es schon wieder nerven würde! Zweige greifen entspannt ins Wasser, die Sonne schickt ihre letzten Strahlen, und wir sind längst auf dem Rückweg.

Zurück in der Außenalster empfängt uns ein Meer von Segelbooten. Das Ufer ist voller Menschen, die gelassen aufs Wasser schauen. Feierabend in Hamburg! Während wir langsam zum Verleih »radeln«, haben wir die untergehende Sonne und die Stadtsilhouette im Blick – und entscheiden, dass wir das nächste Mal lieber ein Kanu nehmen. Die Füße fallen uns ab, wir sind durchgeschwitzt, und die ständigen Lenkradaktionen haben leichte Spuren im Nervenkostüm der zwei Erwachsenen hinterlassen. Unsere Kinder springen einstweilen auf den Steg und freuen sich. Und es sieht so aus, als wüssten sie gar nicht genau, weshalb.

WENN MAN SCHON MAL **HIER** IST:

Obwohl ich es auf dem Wasser schöner finde, ist auch eine Umrundung der **Außenalster** (siehe S. 90) zu Fuß oder mit dem Rad ein Erlebnis! Dabei lohnt sich ein Besuch im 500 Meter vom Tretbootverleih entfernten **Literaturhaus** □→ (südlich) und in der ebenso nah gelegenen **Imam-Ali-Moschee** (nördlich, siehe S. 92). Wer weitere Wasserwege, z. B. im Norden oder Nordwesten, unsicher machen mag, kann bei der günstigeren **Bootsvermietung Dornheim** (Kaemmererufer 25, Okt. bis März Winterpause, bootsvermietung-dornheim.de) an Bord gehen.

WENN MAN SCHON MAL IN ST. GEORG UND AN DER AUSSENALSTER IST

+++ SEHEN +++
+++ ESSEN +++
+++ AUSGEHEN +++
+++ SHOPPEN +++
+++ SCHLAFEN +++

الله

SEHEN

AUSSENALSTER

Das »Hamburger Meer« ist das Freizeitrevier der Hamburger. Es ist so groß wie 230 Fußballfelder, grenzt an sechs Stadtteile und bietet an den Straßen Schöne Aussicht, Bellevue und Fernsicht – wo sonst? – den besten Ausblick. Bei einer Umrundung der 7,4 Kilometer langen und ziemlich charmanten Uferlinie zu Fuß oder mit dem Rad stößt man östlich auf das stilvolle **Literaturhaus** (Schwanenwik 38, großartige Lesungen) und die schmucke **Imam-Ali-Moschee** (siehe S. 92). In **Rondeel 27** im Norden lebten Otto, Marius Müller-Westernhagen und Udo Lindenberg in den 70ern in einer WG. An der Westseite befinden sich **zahlreiche Konsulate**. Im Süden erspäht man die **Binnenalster** und die »**gute Stube**« (= Prachtfassaden) der Neustadt.

+++ EIN GUTER EINSTIEG FÜR EINE UMRUNDUNG IST DIE STRASSENKREUZUNG SCHWANENWIK/SCHÖNE AUSSICHT! TIPP: MAN KANN AUCH DIE VERSCHLUNGENEN SEITENKANÄLE DES RIESIGEN SEES UNSICHER MACHEN (SIEHE S. 84) +++

⟵□ HAMBURGER KUNSTHALLE UND GALERIE DER GEGENWART

Keine Frage, dieses Kunstmuseum ist das wichtigste Hamburgs! Es befindet sich in drei Gebäuden, wobei der Quaderbau zur Moderne erst 1997 aufgemacht hat. Dort sieht man auf fünf Stockwerken heutige Klassiker wie Gerhard Richter oder Bruce Nauman. Doch auch die Liebhaber der alten Meister und der Kunstepochen des 19. und frühen 20. Jahrhunderts kommen vollends auf ihre Kosten. 700 Werke sind ständig ausgestellt.

+++ GLOCKENGIESSERWALL +++ U1/2/3/4 HAUPTBAHNHOF +++ HAMBURGER-KUNSTHALLE.DE +++ DI–SO 10–18 UHR, DO BIS 21 UHR, AN UND VOR FEIERTAGEN BIS 18 UHR +++ TICKET 14 EURO, ERM. 8 EURO, DO AB 17.30 UHR 8 EURO, KINDER UNTER 18 J. FREI! +++

LANGE REIHE

Nirgends sieht man die Stadtteilaufwertung klarer! Neben alteingesessenen Läden trifft man auf Lifestyle- und Hipster-Schuppen. Trotzdem ist die Lange Reihe, die auch für die Hamburger Schwulenbewegung wichtig war, ein alternatives Aushängeschild des Viertels. Dabei lohnt sich besonders der vordere Teil bis zur Schmilinskystraße, wo ein Fachwerkhäuschen von 1621 (Nr. 61) und die Koppel 66 (Nr. 75) mit ihren Kunsthandwerkern beeindrucken.

+++ U1/2/3/4 HAUPTBAHNHOF +++ ENDE NOVEMBER BIS ENDE DEZEMBER FINDET TÄGLICH VON 12 BIS 22/0 UHR EIN SCHWUL-LESBISCHER WEIHNACHTSMARKT (»WINTER PRIDE«) VOR LANGE REIHE 2 STATT +++

3

MUSEUM FÜR KUNST UND GEWERBE

In den modernen Abteilungen entdeckt man Ausstellungsstücke, die man aus seiner Kindheit oder von Omas Wohnzimmer kennt. Sogar die einstige *SPIEGEL*-Kantine (1969) von Verner Panton sieht man. Dabei reichen die 500.000 Exponate (»Spitzenleistungen menschlicher Kreativität und Erfindungsgabe«) bis zu 7.000 Jahre zurück in die Vergangenheit. Das Hubertus Wald Kinderreich, eine Fantasiewelt im Untergeschoss, ist für 5- bis 12-Jährige spannend (nur an WE/Fei/in den Hamburger Schulferien).

+++ STEINTORPLATZ +++ U1/2/3/4 HAUPTBAHNHOF +++ MKG-HAMBURG.DE +++ DI–SO 10–18 UHR, DO BIS 21 UHR, AN UND VOR FEIERTAGEN BIS 18 UHR +++ TICKET 12 EURO, ERM. 8 EURO, DO AB 17 UHR 8 EURO, KINDER UNTER 18 J. FREI! +++

IMAM-ALI-MOSCHEE

In der viertältesten Moschee Deutschlands sind Besucher willkommen! Sobald man auf Strümpfen hineingeht, sieht man einen Rundteppich, der zu den größten des Iran gehört. Nur so viel: 1 Tonne Gewicht, 80 Millionen Knoten. Doch auch von außen ist die zwischen 1960 und 65 errichtete »Blaue Moschee an der Alster« ein echtes Schmuckstück.

+++ SCHÖNE AUSSICHT 36 +++ BUS 6/17 ZIMMERSTRASSE +++ IZHAMBURG.COM +++ TÄGL. 11–19 UHR, IN DEN SOMMERMONATEN BIS 22 UHR +++ FÜHRUNGEN UNTER 040/22948635 ODER BESUCHER@IZHAMBURG.COM +++

DAS DORF

Das Lokal in einem Gewölbekeller von 1848 ist rustikal-original eingerichtet und bietet regionale deutsche Küche auf gehobenem Niveau! Sehr gut finde ich »Dorfmeisters Goldstück« (= Wiener Schnitzel vom Kalb) zu etwa 24 Euro, aber auch der »Pannfisch« (22 Euro) schmeckt wie bei Muttern.

+++ LANGE REIHE 39 +++ U1/2/3/4 HAUPTBAHNHOF +++ RESTAURANT-DORF.DE +++ 040/245614 +++ TÄGL. 18–22.30/23 UHR +++

KOUROS

An den »Likörellen«, die an den Wänden hängen, erkennt man, dass »Udo« bei diesem besseren Griechen Stammgast ist. Eine Spezialität bleibt der »Otto-Rehakles«-Teller (ca. 20 Euro, Ökofleisch), und selbst der Ouzo wird stilvoll in einem Sektglas mit Eiswürfeln serviert.

+++ AN DER ALSTER 25 +++ U1 LOHMÜHLENSTRASSE +++ KOUROS-RESTAURANT.DE +++ 040/244540 +++ MO–SA 18–0 UHR +++

HERR HE

Eine der besten Asia-Küchen Hamburgs! Dabei beeindrucken die kantonesischen Dim-Sum-Gerichte, also Tapas aus Südost-China und Hongkong, zum guten Preis.

+++ ERNST-MERCK-STR. 10 +++ U1/2/3/4 HAUPTBAHNHOF +++ HERRHE.DE +++ 040/243526 +++ MO/MI/DO 12–16 UND 17.30–22.30 UHR, FR 17.30–22.30 UHR, SA/SO 12–22.30 UHR +++

CAFÉ KOPPEL

Ein Kuchen- und Frühstückscafé für Veganer und Glutenallergiker! Siehe auch Seite 91.

+++ LANGE REIHE 75 (HINTERHOF) +++ U1/2/3/4 HAUPTBAHNHOF +++ CAFEKOPPEL.DE +++ 040/249235 +++ SO–MI 10–20 UHR, DO–SA BIS 22 UHR +++

DEUTSCHES SCHAUSPIELHAUS ⇨

Die Inszenierungen teils sensationeller Stücke (z. B. *Unterwerfung* mit Edgar Selge) schaffen es immer wieder in die überregionalen Feuilletons. Deshalb gilt das größte deutsche Sprechtheater als eines der renommiertesten.

+++ KIRCHENALLEE 39 +++ U1/2/3/4 HAUPTBAHNHOF +++ SCHAUSPIELHAUS.DE +++ 040/248713 +++

CAMPARI LOUNGE

Eine bessere Rooftop-Bar, um den Sonnenuntergang und die Segelboote auf der Außenalster zu genießen, kenne ich nicht! Die Camparis (6 Varianten) bekommt man für 10 Euro.

+++ BARCASTR. 3 (DACHTERRASSE) +++ U1 LOHMÜHLENSTRASSE +++ THEGEORGE-HOTEL.DE (»CAMPARI LOUNGE«) +++ 040/2800300 +++ DI-FR 17-23 UHR, SA AB 15 UHR, SO 15-21 UHR +++ ALLERDINGS: GEÖFFNET NUR BEI GUTEM WETTER UND TEMPERATUREN VON MINDESTENS 18 GRAD! +++

SHOPPEN

CHAPEAU ST. GEORG

In diesem »Hutuniversum« kann man einer Modistin beim Herstellen zuschauen und findet sicher die passende Kopfbedeckung – egal, ob Melone oder Strohhut.

+++ LANGE REIHE 94 +++ U1/2/3/4 HAUPTBAHNHOF +++ CHAPEAU-STGEORG.DE +++ MO-SA 11-19 UHR +++

TAMASCHA

Wer in die (muslimische) Welt des Iran eintauchen mag, hat im ältesten persischen Geschäft dieser Stadt eine gute Möglichkeit, vorhandene Schwellenängste zu überwinden.

+++ LANGE REIHE 23 +++ U1/2/3/4 HAUPTBAHNHOF +++ TAMASCHA.DE +++ MO-FR 10-20 UHR, SA BIS 19 UHR +++

+++++++++++ SCHLAFEN +++++++++++++

THE GEORGE

Manchmal werden es 120 oder 140 Euro, wenn man die Frühbucher-Rate wirklich früh (!) nutzt. Dann logiert man in einem britischen Design-Hotel, das sogar Alsterblick, Balkone und stylische Ledersessel bietet (M-Zimmer oder Junior Suiten). Die Sauna (10–22 Uhr) kann für 5 Euro pro Person und Tag genutzt werden.

+++ BARCASTR. 3 +++ U1 LOHMÜHLENSTRASSE +++ THEGEORGE-HOTEL.DE +++ 040/2800300 +++

HOTEL VILLAGE

Der Hit (und häufig ausgebucht) sind die »Honeymoon-Zimmer« mit ihren Spiegeln an und über dem Bett! Einst war das leicht plüschige und sanft sanierungsbedürftige, aber original-originelle Hamburg-Hotel das luxuriöseste Bordell Norddeutschlands. An Wochenenden muss man für 2 Nächte buchen und zahlt zwischen 125 und 145 Euro fürs DZ, unter der Woche oder sonntags können es auch 85 oder 95 Euro sein.

+++ STEINDAMM 4 +++ U1/2/3/4 HAUPTBAHNHOF +++ HOTEL-VILLAGE.DE +++ 040/4806490 +++

4
NEUSTADT

+++ ERLEBEN +++

DIE NEUSTADT, in der heute nur noch rund 13.000 Menschen leben, war bis ins 20. Jahrhundert ein sozialer Brennpunkt – und mit 170.000 Bewohnern stark überbevölkert. Heute zerfällt sie in einen nördlichen und südlichen Teil. Der erste ist von Büro- und Glasbauten zugestellt und entwickelte sich rund um den Jungfernstieg zu einer regelrechten »Shoppingstadt«, mit allen Marken und Preisklassen, die dazugehören …

DER SÜDLICHE ABSCHNITT

beim Michel ist von der gleichmachenden Architektur der Nazis und den Relikten der alten Gängeviertel geprägt. In den einst schiefen und buckligen Fachwerkhäusern (eine sehr glatte Nachbildung findet man zwischen Neander- und Peterstraße) hausten Tagelöhner und Seeleute, Kriminelle und politische Widerständler unter unmenschlichen Bedingungen.

DIE ROMANTIK DER WOLKENMASCHINEN

EIN RUNDUMBLICK VOM MICHEL BEI NACHT

+ + + STECKBRIEF + + +

WO? ST. MICHAELIS (ENGLISCHE PLANKE 1. PORTAL 2. RECHTS VOM HAUPTPORTAL) +++ U3 BAUMWALL +++ WANN? TÄGL. AB 18, 19 ODER 20 UHR, JE NACH JAHRESZEIT +++ NACHTMICHEL.DE +++ WICHTIG! UM 21 UHR HÖRT MAN DEN TURM-TÜTER (AUSSER SONNTAGS). WÄHREND DES DOM-VOLKSFESTES ERSTRAHLT AM FREITAG UM 22.30 UHR EIN FEUERWERK! +++ WIE LANGE? ETWA 30 MINUTEN +++ WIE VIEL? ERWACHSENE 10.50 EURO, ERM. 9.50 EURO, KINDER (4–15 J.) 8.50 EURO INKL. JE EIN FREIGETRÄNK +++

WIR SITZEN DA, mit unseren Kakaos, fühlen uns wie Teenager, die sich gerade neu kennenlernen, und blicken auf eine Stadt, die im Sirren der Nacht zu erwachen scheint. Auf den Tritten der Ferngläser, die hungrig auf einen Euro warten, lässt es sich sehr gut aushalten, zumal man näher an den Sicherheitsgittern ist und sich der Blick schnell weitet. Obwohl wir keine übertriebenen Romantiker sind, können wir uns dem Reiz des Lichtermeeres nicht entziehen. Warum sollten wir auch? Wir schauen auf das stampfende Herz von Hamburg, den Hafen, den Siegfried Lenz einmal als »Silbermine der Stadt« beschrieben hat. In Elbe 17, dem Trockendock von Blohm+Voss gegenüber den Landungsbrücken, »steht« fast immer ein Kreuzfahrtschiff: zur Sanierung, bevor es wieder über die Weltmeere geht. Lediglich die Elbphilharmonie sieht man von hier oben nicht so gut.

DIE FRAU, die sich an mich lehnt, macht mich auf die »Wolkenmaschinen« im Hintergrund aufmerksam; gemeint sind Fabrikschlote, deren Abgase fast schon »malerisch« wirken, ein Klischeewort, das ich sonst nicht einmal denke. Es ist wirklich schön hier oben, auch wegen des leichten Winds und der klaren Luft.

Zurück zur »Elphi«: Obwohl der Michel seinen Rang als wichtigstes Wahrzeichen zähneknirschend an die Konzertkathedrale abtrat, ist er als Aussichtsturm noch immer die Nummer eins. In luftigen 106 Metern Höhe sieht man die vielen Sehenswürdigkeiten, die man bei Tag besucht hat, noch einmal anders: das Rathaus, die Kirchen, den Tele-Michel (der 2023 wieder zum höchsten Aussichtsort werden soll) – und die wuchtigen Kontorhäuser, zu denen sich die Stadt zwischen 1880 und den 20er-Jahren entschieden hat. Im Zuge der »Citybildung« verwandelten sich die Alt- und die Neustadt in ein Handels- und Bankenviertel, in dem immer weniger Menschen wohnten. Das kann man schlecht finden, doch aus der Höhe werden die Straßenschluchten geradezu übersichtlich, und es wirkt, als hätte sich ein Kerzenschein über Hamburg gebreitet, der alles in einem milden Licht erscheinen lässt. Sogar die wirtschaftspolitischen Weichenstellungen einer prosperierenden Weltstadt …

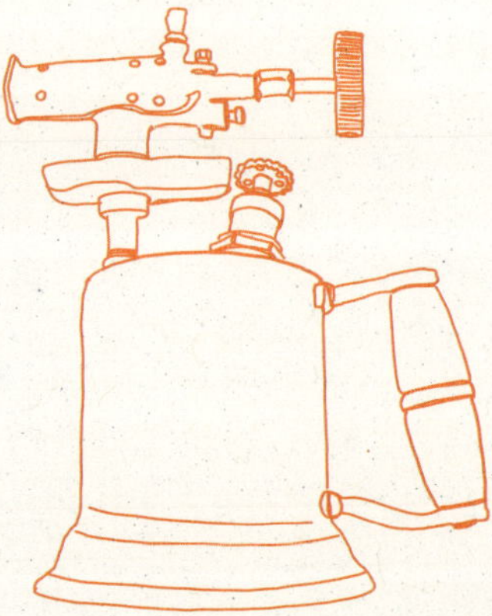

NACH OBEN SIND WIR mit einem erstaunlich schnellen Aufzug gefahren – und meine Sorgen in Sachen Höhenangst entpuppten sich als nicht weiter wichtig. Man müsste schon ein Kletterkünstler sein, um von der gut gesicherten Plattform mit ihren sechs wuchtigen Pfeilern abzustürzen.

Eine kleine Treppe in der Mitte führt zu einer noch besseren Fotosicht. Hier kann ich nicht anders, als über den imponierenden Barockbau ein wenig nachzudenken. Gar nicht so viele Einheimische wissen, dass an dieser Stelle bereits der dritte Michel steht. Der erste loderte 1750 nach einem Blitzschlag ab, der zweite 1906 wegen der Lötlampe eines Dachdeckers. Seit 1912 existiert diese Kirche: eine nahezu originalgetreue Kopie der zweiten.

Nur eines ist schade: Wir haben den »Turm-Tüter« verpasst, der um 21 Uhr einen Kirchenchoral in die Hamburger Nacht trompetet. Dafür gelingt uns ein anderer Coup: Wir sehen das Feuerwerk der Kirmes auf dem Heiligengeistfeld. Ach, Klischees, ach, Hamburch!

WENN MAN SCHON MAL HIER IST:

Der **Michel** (siehe S. 123) ist nicht nur bei Nacht einen längeren Blick wert! Wer jetzt noch nicht schlafen mag, kann ins 5 Fußminuten entfernte **Portugiesenviertel** (siehe S. 126): auf einen schnellen Absacker, einen Rotwein oder ein durchaus gediegenes Nachtmahl.

HÄNG KEINE WÄSCHE RAUS, WENN DIE KREUZFAHRER DA SIND!

DIE ALTERNATIVEN HAFENRUNDFAHRTEN MIT DER HAFENGRUPPE HAMBURG

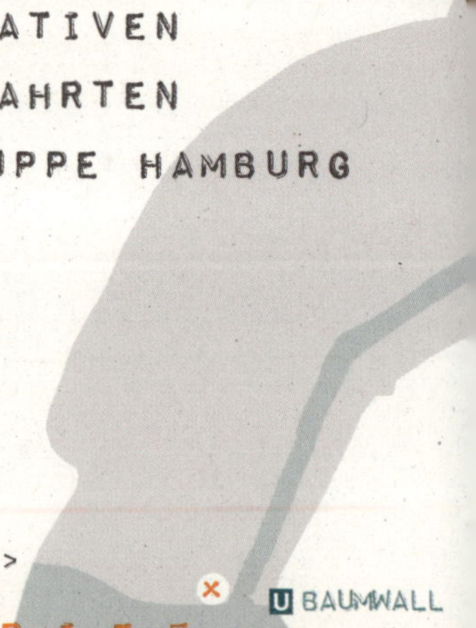

+ + + STECKBRIEF + + +

WO? BARKASSENCENTRALE EHLERS (ANLEGER VORSETZEN/CITY-SPORTHAFEN) +++ U3 BAUMWALL +++ WANN? VON APRIL BIS OKTOBER JEDEN ZWEITEN FREITAG UM 17 UHR. DANEBEN WERDEN AUCH HAFENRUNDFAHRTEN ZU ENERGIEPOLITIK, ZUM POSTKOLONIALISMUS ODER ZUR (FRAUEN-)ARBEIT AUF SEE ANGEBOTEN +++ HAFENGRUPPE-HAMBURG.DE +++ WIE LANGE? 90 MINUTEN +++ WIE VIEL? TICKET 13 EURO, ERM. 11 EURO, KINDER ZAHLEN DIE HÄLFTE DES NORMALEN PREISES +++ WICHTIG! KEINE VORANMELDUNG NÖTIG! +++

AUF EINEM LEICHT schwankenden Ponton des City-Sporthafens, zehn Fußminuten von den Landungsbrücken entfernt, stehe ich vor der »Thomas Ehlers«, einer Barkasse, mit der schon die Werft- und Hafenarbeiter zu ihren Arbeitsplätzen geschippert wurden, und warte. Zunächst sieht es so aus, als wäre ich der einzige Fahrgast. Dann finden sich doch etwa 20 Personen ein, darunter einige junge Schweizer und noch jüngere Reeperbahnbesucher, einige Paare um die 40 und sogar eine Familie. Wir wollen die (Gegen-)Wahrheiten des Hamburger Welthandels kennenlernen. »Dafür steuern wir Hafenbereiche an«, verspricht unser gut informierter Guide, »die man sonst nie zu Gesicht bekommt.« Es geht darum, den Handelserfolg gegen den Strich zu erzählen. Einige versorgen sich mit einem Flensburger aus der Kühlbox und bezahlen in eine »Kasse des Vertrauens«. Danach »parkt« die »Ehlers« aus.

IM HISTORISCHEN TEIL des Hafens nahe der Deichstraße stoßen wir auf einen alten Hamsterrad-Kran. Den einzigen, den es bis 1850 gab. »Männer aus Zucht- und Arbeitshäusern mussten ihn antreiben.« Später werden wir an einer Bootsrampe (»Slipway«) vorbeikommen, auf der man Schiffe mit Pflöcken befestigte. »Das Wegschlagen des letzten Holzstücks war lebensgefährlich.« Deshalb wurden Gefangene dafür angeheuert, die lebenslängliche Haftstrafen zu verbüßen hatten. »Entweder waren sie hinterher frei – oder tot.«
Die eigentliche Tour beginnt nach der Elphi. Manchmal schaukelt es wild, als wollte uns die Elbe vorbereiten auf das, was noch kommen wird. Eine der Stationen ist der Reiherstieg. Er gilt als schmutzigster Kanal des Hafens. »Eine Kaffeetasse vom Grund hat genügend Stoff, um einen umzubringen.« Aber die Firmen haben reagiert, wie unser Guide gelassen anmerkt. »Die Rohre zur Einleitung der Gifte und Schwermetalle sind jetzt tiefer versenkt. So kommt man nicht mehr an sie heran …«
Auf dem Weg zur Köhlbrandbrücke erreichen wir das zweite Kreuzfahrtterminal, das inzwischen mit Landstrom versorgt wird. Da der Schiffsdiesel noch immer günstiger ist, nutzen ihn die Reedereien eher nicht. Deshalb gilt in der HafenCity, wo das erste der drei Terminals steht: Häng keine Wäsche raus, wenn die Kreuzfahrer da sind!

WENIG SPÄTER passieren wir mehrere ausgedehnte Schrotthalden – und erfahren: »Fast keine Schiffe werden mehr in Europa abgewrackt.« Die Schrottboote gelangen nach Indien, Indonesien, Bangladesch. Dort demontiert man sie ohne Arbeits- und Umweltvorschriften. »Nicht selten werden die Arbeiter von den Werkstücken erschlagen.« Von Elektroschrott, wie Kühlschränken, verwerten wir gerade einmal 40 Prozent nach Vorschrift. Der Rest geht woandershin. Zum Beispiel nach Westafrika. Dort wird nur ein kleiner Teil aufgearbeitet. »Kinder und Jugendliche versuchen, das Letzte aus den oft giftigen Stücken herauszuholen.« Dass der »Schrottschmuggel« und anderer Schleichhandel blühen, hängt auch damit zusammen, dass es nur 1 (!) Containerscanner in Hamburg gibt: bei knapp 9 Millionen Containerumschlägen pro Jahr …
Der Kopf, denke ich, während die kleine Barkasse längst wieder auf dem Rückweg ist, muss uns ständig davon überzeugen, dass wir glücklich sind. Dabei ruht unser Glück auf dem Unglück anderer. Das ist keine linksgerichtete Ideologie. Es die Wirklichkeit einer Welt, die sich zeigt, wenn man die Augen aufmacht – und dieser etwas anderen Hafenrundfahrt beiwohnt.

WENN MAN SCHON MAL **HIER** IST:

Wer weiter auf alternativen Wegen gehen will, kann sich das **(Neue) Gängeviertel** (siehe S. 124) ⇨ansehen. Etwas näher, nämlich 8 Gehminuten vom City-Sporthafen entfernt, liegen der **Michel** (siehe S. 123) und das **Café Johanna** (siehe S. 125). Auf dem Weg dorthin kommt man am **Portugiesenviertel** (siehe S. 126) vorbei.

SWINGING HAMBURG

EINE NACHT IM COTTON CLUB

+ + + STECKBRIEF + + +

WO? ALTER STEINWEG 10 +++ S1/2/3 STADTHAUSBRÜCKE ODER U3 RÖDINGSMARKT +++ WANN? VON MONTAG BIS SAMSTAG TRETEN MEIST GEGEN 21 UHR DIE BLUES-, SWING- ODER RAGTIME-BANDS AUF. EINLASS 20 UHR. KEINE SOMMERPAUSE! +++ COTTON-CLUB.DE +++ WIE LANGE? ETWA 2,5 STUNDEN, WOBEI MAN THEORETISCH NACH JEDEM SET WEITERZIEHEN KANN +++ WIE VIEL? ZWISCHEN 9 UND 12 EURO +++

JAZZ WAR SCHON IMMER widerständig. Zu Zeiten der Nazis entstand in Hamburg die »Swing-Jugend«, eine lose Clique von 14- bis 21-Jährigen aus allen Bevölkerungsschichten, die in klarer Abgrenzung zur Hitlerjugend stand – ohne politische Parolen, doch mit ausdrücklicher Hingabe an die »entartete« Jahrhundertmusik des Jazz. Etwa 1.500 Swing-Anhänger gab es; die teils verbotenen Auftritte ihrer bevorzugten Bands verfolgten sie unter anderem im Alsterpavillon (siehe S. 123), der 850 Meter vom Cotton Club entfernt liegt. 40 bis 70 von ihnen gerieten in die Fänge der neuen Herrscher und kamen in Konzentrationslager.

1961 übernahm Dieter Roloff den ersten genehmigten Jazzclub der Stadt (»Vati's Tube Jazzclub«), der schon zwei Jahre zuvor in einem Tiefbunker existierte. Roloff taufte ihn um in »Cotton Club« – in Anspielung auf das legendäre New Yorker Nachtlokal – und wechselte oft den Standort, bis er sich 1971 in der Neustadt niederließ. So viel zur Vorgeschichte.

HEUTE VERSTRÖMT DER ÄLTESTE Jazzkeller Hamburgs die Patina einer anderen Zeit. Ein Kumpel und ich fühlen uns von Anfang an pudelwohl. Die Wände sind zugekleistert mit Fotos. Die *Louisiana Syncopators*, die ihre Instrumente in der Mitte des kleinen Kellersaales aufbauen, sind älteres Semester. Und etwa 50 Gäste warten; schön, es kann losgehen!

»A one, a two …« Der Schlagzeuger und Sänger schlägt die Sticks gegeneinander. »A one, two, three, four!« Ich bin baff, wie die Oldies losrocken. Die uralte Südstaatenmucke aus New Orleans kommt sehr flott, fetzig und unterhaltsam. Selbst dann, wenn es mal melancholisch wird. Dabei haben die übersetzten Songtitel beinahe etwas Buddhistisch-Dadaistisches: *Schlage nie eine Fliege tot. Sie könnte auf dem Weg zu ihrem Liebsten sein.*

Man ertappt sich beim Mitschnippen, gibt Szenenapplaus für abgefahrene Soli und genießt die rauchige Stimme des Sängers, der in der hinteren Reihe steht und tolle Stücke wie *I can't dance, I got ants in my pants* oder *Singing the blues till my baby comes home* ankündigt. Der »Backman« hat nur wenige Einlagen, denn Gesang ist im Jazz gar nicht zwingend vorgesehen. Im Mittelpunkt steht das gut aufeinander abgestimmte Zusammenspiel, das sogar einen deutschen Swingsong von 1936 draufhat: Das *Fräulein Gerda* – »Heute Abend bring ich sie nach Haus« …

ICH MAG DIESES STADTABENTEUER SEHR. Mehrmals denke ich, während ich mich einfangen lasse von dieser Black Music, die ja auch etwas Slapstickeskes und Optimistisches hat: Wir leben noch immer in einer guten Zeit. Früher wurden solche Auftritte geräumt und dauerhaft untersagt.

Was mir außerdem auffällt: Keiner tanzt. Man tanzt sitzend. Man swingt mit. Denn so ein bisschen bewegen muss man sich bei dieser Musik. Die Weißhaarigen, teilweise mit Hörgerät, wirken auf eine Art jung geblieben. Manche der Paare scheinen sich an ihre Jugend zu erinnern, kuscheln, knutschen. Keine Stammtischidioten, nirgends. Wir bestellen zwischendurch einen Flammkuchen und Getränke; in der Karte stehen sogar Craftbiere der Ratsherrenbrauerei (siehe S. 172).

Zum Schluss des dritten Sets steigt die Band auf die Stühle. »Das sind alles Vorübungen für Stagediving!« Sehr lässig. Für uns ist es Zeit zu gehen. Es ist immer noch gut hier, doch der Swing swingt genug nach in uns. Er würde uns sonst verloren gehen.

WENN MAN SCHON MAL **HIER IST:**

Vor dem Konzert könnte man ins 200 Meter entfernte **Piccolo Paradiso** (siehe S. 125), eines der besten vegetarischen Restaurants der Hansestadt. Oder ins **Petit Bonheur** (siehe S. 125) □→, das gerade mal 7 Gehminuten entfernt liegt. Von dort ist ein Abstecher zum **Hamburgmuseum** (siehe S. 124) ein Katzensprung.

PAARE, PAPARAZZI UND PICKNICKDECKEN

EIN WASSERLICHTKONZERT IN PLANTEN UN BLOMEN

U MESSEHALLEN

HAMBURG-NEUSTADT-->

+ + + STECKBRIEF + + +

WO? PLANTEN UN BLOMEN (EINGANG ST. PETERSBURGER STRASSE/MARSEILLER STRASSE) +++ U2 MESSEHALLEN +++ WANN? 1. MAI BIS 31. AUGUST TÄGLICH UM 22 UHR, IM SEPTEMBER UM 21 UHR +++ PLANTENUNBLOMEN.HAMBURG.DE +++ WIE LANGE? ETWA 20 MINUTEN, MANCHMAL TRETEN HINTERHER FEUERARTISTEN AUF +++ WIE VIEL? EINTRITT FREI! +++

DAS LICHTKLAVIER und die Wasserorgel sind live. Nur die Musik »spielt« vom Band. Doch das stört nicht. Denn das Zusammenspiel macht den Reiz dieser kleinen Sommernachtskonzerte aus. Selbst heute, bei unentschiedenem Himmel mit Nieselregenalarm, wartet eine stattliche Anzahl von Zuschauern am Parksee von Planten un Blomen. In heißen Nächten sind die Rasenflächen und Bänke bevölkert mit Paaren und Paparazzi, die das Lichterspektakel mit ihren Telefonen einfangen. Ein Quatsch, wie ich finde, denn Genuss gibt es nie gefiltert! Manchmal nehme ich eine Picknickdecke und ein Feierabendbier mit. An diesem Dienstag haben eine gute Freundin und ich einen Logenplatz an der Südseite des Sees ergattert. Eine Lautsprecheransage leitet die kommenden 20 Minuten ein, die *Fanfare for the Common Man* ertönt – und die Show beginnt.

HEUTE VERFOLGEN WIR ein Arrangement des finnischen Komponisten Jean Sibelius, das in seiner Wuchtigkeit und Verspieltheit gut passt: zu den 15 Fontänen, die bis zu 36 Meter in den Himmel schießen, zu den blau-rot-grün-braun-gelben Farbspielen und zu den Enten, die etwas hektisch aus dem Parksee flüchten.

Seit der Internationalen Gartenausstellung von 1973 ist die Wasserlichtorgel im Einsatz. Ein in Lübeck lebender Tangolehrer spielt darauf. Er ist einer von zehn Lichtklavierplayern, die die 762 Scheinwerfer auf 95 Tasten zu bedienen wissen. Ein zweiter Künstler kümmert sich um die Wasserspiele. Dabei wird das Nass durch 99 Düsen gepumpt – und so viel Wasser in Bewegung versetzt, wie eine Stadt mit 500.000 Einwohnern in einer Stunde verbraucht.

Apropos Superlative: Bis zu 300.000 Zuschauer, heißt es, verfolgen die Vorführungen jährlich. Die Zahl scheint mir etwas hoch gegriffen, doch es hat was, wenn sich Tausende in sich selbst zurückziehen und dem Sinnenspektakel hingeben. Dann wieder lichtklaviert es in alle Richtungen. Sofort brandet spontaner Applaus auf. Bisweilen sieht man sogar die Farben der irischen Flagge – und bekommt einen sanften Tropfennebel in der ersten Reihe ab.

ZUGEGEBEN, ein supergeheimer Flüstertipp sind die Wasserlichtkonzerte in der grünen Lunge des Zentrums nicht mehr! Sie sind trotzdem etwas Besonderes und zeigen einen Aspekt der Elbstadt, den man gar nicht so klar auf dem Schirm hat: Hamburg ist auch eine Stadt der klassischen Musik. Händel lebte drei Jahre hier (von 1703 bis 1706) und hat in Hamburg drei Opern geschrieben. Der vorsichtig wiederentdeckte Georg Philipp Telemann (1681–1767) war zu Lebzeiten ein Star und Hamburgischer Generalmusikdirektor. Und Brahms (1833–1897) wurde acht Jahre vor seinem Tod der erste Künstler-Ehrenbürger der Metropole. Neben den Konzerten in der Staatsoper, der Laeiszhalle und der wahrzeichengestempelten Elbphilharmonie bietet diese kostenlose Open-Air-Reihe ein Abenteuer der ganz eigenen Sorte.

Der Lichtorgelspieler zieht alle Register, die Fontänen funkeln, und es überrascht mich immer wieder, wie selbstverständlich alles zusammengeht: die Musik, die Farben, die akrobatischen Sprühbewegungen des Wassers. Zuletzt werde ich ruhig und komme auf das zurück, was zählt: das eigene Gefühl und die tiefe Entspannung nach einem langen Hamburgtag.

WENN MAN SCHON MAL HIER IST:

Planten un Blomen ☐→ ist ein Erlebnis für sich (siehe S. 122), das sich unmittelbar vor den Konzerten anbietet. Hinterher kann man in die coole **Tipsy Baker Bar** (siehe S. 126): auf ein original Hamburger Herrengedeck (»Lütt un Lütt«), das selbstverständlich auch den Damen serviert wird ...

EIN (NICHT GANZ) VERBOTENER THRILL

ZU DEN ÄLTESTEN PATERNOSTERN HAMBURGS

+ + + STECKBRIEF + + +

WO? STEINHÖFT 11/17 (SEITENEINGANG DES SLOMANHAUSES) +++ U3 BAUMWALL +++ **WANN?** MO–FR 9–17 UHR +++ **WICHTIG!** DIE FAHRT MIT EINEM PATERNOSTER ERFOLGT AUF EIGENE GEFAHR +++ **WIE LANGE?** ZWISCHEN 10 UND 40 MINUTEN, JE NACHDEM, WIE VIELE HÄUSER MAN ANSTEUERT +++ **WIE VIEL?** EINTRITT FREI! +++

ICH STEIGE AUS DER U3 an der Station »Baumwall«, um mir den ältesten Paternosteraufzug dieser Stadt anzusehen – und selbstverständlich mit ihm zu fahren. Er dreht seine Runden im Slomanhaus, stammt von 1921, wurde 2003 renoviert, hat 14 Kabinen und trägt einen durch die sechs Stockwerke. Leider ist das seinerzeit größte Kontorhaus in Hafennähe ein Bürogebäude, in das man gar nicht so einfach kommt. Was ich absurd finde, denn die Diele wurde bereits als »Hamburgs schönstes Treppenhaus« ausgezeichnet, worauf stolz eine Urkunde hinweist ... Mit einer Angestellten husche ich hinein. Auch mit den Briefträgern kann man Glück haben, die oft zwischen 10 und 10.30 Uhr aufkreuzen. Es ist wirklich schön da drin, und der »Proletenbagger« (wie solche Aufzüge teils belustigt, teils verächtlich genannt wurden) tut seinen Dienst. Ununterbrochen und sehr gelassen. Ich fahre mit.

WENIGER GELASSEN reagierte die Bundesregierung am 1. Juni 2015. In einer »Betriebssicherheitsverordnung« erlaubte sie nur noch »eingewiesenen Personen« die Fahrt mit den »Umlaufaufzügen«. Da die Proteste groß waren, entschärfte der Bundesrat das Gesetz am 17. Juli 2015 wieder. Trotzdem schraubte man an alle Anlagen vorsichtshalber Verbotsschilder …

Obwohl Treppen echte Hochsicherheitsrisiken darstellen – mit mehr als 1.000 Toten pro Jahr! –, ist die Befürchtung der Betreiber nicht ganz aus der Luft gegriffen. Bis 2002 sprach man von einem tödlichen Unglück jährlich, auch danach passierten bisweilen böse Unfälle. Meist, weil ein Handwerker mit einer Leiter hineingestiegen war oder ein Unbedarfter sich zu weit nach vorne gebeugt hatte … Auch mit Kindern würde ich einen Paternoster nicht betreten! Doch wenn man zu zweit oder allein im richtigen Moment hineingeht (und genauso konzentriert wieder aussteigt), während der Fahrt einfach stehen bleibt, die Haltegriffe in den Kabinen nutzt und sich mit einem leichten Thrill durch die Stockwerke tragen lässt, hat man bisweilen das Gefühl zu schweben. Oben und unten sieht man die Ketten, durch die sich der Fahrstuhl bewegt – und braucht keine Angst zu haben, verkehrt herum wieder »aufzutauchen« … Die Kabinen sind immer gleich ausgerichtet.

DENNOCH STOSSE ICH in der Finanzbehörde am Gänsemarkt 32 (U2 Gänsemarkt) auf Widerwillen. Und zwar seitens des Pförtners. Hier »fährt« der zweitälteste Paternoster; er setzte sich 1925/26 in Gang und soll nicht betreten werden ... Der drittälteste ist im Jungfernstieg 21 eingebaut (ein Paternoster von 1937), doch gerade kaputt.

Ich unternehme einen Abstecher in die nahe gelegene Altstadt: zur Trostbrücke 1 in den Laeiszhof (U3 Rödingsmarkt). Vor dem Proletenbagger von 1950 steht korrekterweise ein Schild, das die Betreiber von allen Schäden freispricht. Ich fahre mit, ich schwebe – und tauche in eine längst versunkene Epoche ein. Denn Hamburg war einst die Hauptstadt der Paternoster, die sich in den großen Kontorhäusern als äußerst nützlich erwiesen; 1936 zählte man 344 solcher Anlagen in der Stadt. Auch der erste seiner Art in Deutschland wurde 1885/86 in Hamburg errichtet. Heute existieren noch etwa 30 dieser Aufzüge in der Hansestadt, die wenigsten davon öffentlich zugänglich.

Kann ich Ihnen raten, dieses Abenteuer zu unternehmen? Vielleicht! Ich bin für nichts verantwortlich oder haftbar. Es ist und bleibt Ihr Risiko ...

WENN MAN SCHON MAL HIER IST:

Nach diesem »Nervenkitzel« bietet sich ein kleiner Ritt mit der U-Bahn in ein **Café** oder **(Mittags-)Lokal** (siehe S. 125) an. Wer noch weiter in versunkene Epochen »verschwinden« möchte, kann ins **Hamburgmuseum** (siehe S. 124) ⇨.

WENN MAN SCHON MAL IN DER NEUSTADT IST

+++ SEHEN +++

+++ ESSEN +++

+++ AUSGEHEN +++

+++ SHOPPEN +++

+++ SCHLAFEN +++

PLANTEN UN BLOMEN

Die im Sommer so abwechslungsreiche grüne Lunge der Weltstadt auf der Grenzlinie von St. Pauli und Neustadt erstreckt sich wie ein zu groß geratener Nierentisch vom Hamburgmuseum im Süden bis zum Messegelände im Norden. Dabei gehen die fünf Abschnitte auf den Botanischen Garten von 1821 zurück. Sie gerieten durch die Internationalen Gartenbauaustellungen von 1953, 1963 und 1973 immer moderner und vielseitiger, weshalb die »Pflanzen und Blumen« heute so weitläufig sind wie 66 Fußballfelder. Besonders schön finde ich den **Japanischen Garten** und die großen **Tropengewächshäuser** im Norden.

+++ U3 ST. PAULI ODER U1 STEPHANSPLATZ +++ PLANTENUNBLOMEN.HAMBURG.DE +++ TÄGL. AB 7. IM SOMMER BIS 23 UHR +++ SPANNEND IST DER EINGANG AM DAMMTOR, WO DIE ALLERERSTE PLATANE UND EIN ANTIKRIEGSDENKMAL VON ALFRED HRDLICKA STEHEN +++

MICHEL

Elphi hin oder her! Das alte **Wahrzeichen** Hamburgs, in dem z. B. die Trauerfeier für Helmut Schmidt stattfand, bleibt imposant. 132 Meter hoch ist St. Michaelis, doch seine echte Schönheit entfaltet das Schmuckstück der Barockepoche im weiß gehaltenen Inneren – wo eine **Kanzel in Kelchform** und ein **marmornes Taufbecken** auffallen. Der Michel in seiner jetzigen Form ist gerade mal etwas mehr als 100 Jahre jung (siehe S. 103).

+++ ENGLISCHE PLANKE 1 +++ U3 BAUMWALL +++ ST-MICHAELIS.DE +++ APR.-OKT. 9-19 UHR, MAI-SEPT. BIS 20 UHR, NOV.-MÄRZ BIS 18 UHR +++ EINTRITT FREI, SOFERN MAN NICHT AUF DEN TURM ODER IN DIE KRYPTA (SCHAUKASTENAUSSTELLUNG) MÖCHTE +++

JUNGFERNSTIEG MIT BINNENALSTER UND ALSTERFONTÄNE

Im Nachtschein wirken die Riesengebäude vor der fast quadratischen **Binnenalster** wie Straßenzüge in London oder Paris. In den sonnigen Monaten kann man auf den **Freitreppen** neben dem **Alsterpavillon** von 1953 ausruhen und sich überlegen, wie hoch die **Alsterfontäne** in den Hamburger Himmel schießt … Achtung, Spoiler! Es sind erstaunliche 60 Meter.

+++ U1 ODER S1/2/3 JUNGFERNSTIEG +++ ALSTERBOOTE (ALSTERTOURISTIK.DE) SCHIPPERN ÜBER DIE BINNENALSTER, DURCH DIE FLEETE DER NEUSTADT UND BIS IN DIE VIERLANDE, KOSTENFAKTOR CA. 17 BIS 26 EURO +++

HAMBURGMUSEUM/ MUSEUM FÜR HAMBURGISCHE GESCHICHTE

Je mehr man sich der Gegenwart nähert, desto spannender wird es. Dabei lohnen sich die museumspädagogisch aufgepeppten Abteilungen mit den nachgebauten Hippie- und Yuppie-Zimmern. Doch auch die aufschlussreichen Räume zu den Auswanderungswellen im 19. Jahrhundert, dem Großen Brand von 1842 und der Cholera-Epidemie von 1892 sind gut gemacht, zumal nicht verschwiegen wird, wie sozial un(v)erträglich sich die Stadtoberen verhielten.

+++ HOLSTENWALL 24 +++ U3 ST. PAULI +++ SHMH.DE +++ MO/MI-FR 10-17 UHR. SA/SO BIS 18 UHR +++ TICKET CA. 10 EURO. KINDER (BIS 17 J.) FREI +++ ES EXISTIERT EIN KINDERRUNDGANG (RATTENSYMBOL!) +++

⇠□ DAS (NEUE) GÄNGEVIERTEL

»Don't fuck your Viertel. Schon gar nicht mit Graffiti« heißt es an einer Wand dieses einstigen Armenquartiers in der Nähe des Gänsemarkts. »Bitte nutzt für diese Kunst die umliegenden Glas- und Betonfassaden.« Ganz klar, in den zwölf Häusern, die im letzten Moment einem niederländischen Investor entrissen wurden, hat sich 2009 eine linke Szene breitgemacht, die angesichts der sie umzingelnden Geschäftsgebäude manchmal ein wenig skurril wirkt ...

+++ VALENTINSKAMP 38 +++ U2 GÄNSEMARKT +++ DAS-GAENGEVIERTEL.INFO +++ DIVERSE SOZIALKRITISCHE UND KOSTENLOSE WORKSHOPS. ABER AUCH TELEFONBUCHLESUNGEN UND TECHNOTISCHTENNIS +++

PETIT BONHEUR

Das »kleine Glück« ist ein hervorragendes französisches Lokal und preislich gerade noch so im Rahmen, wenn man einen Abend zu zweit (z. B. Zanderfilet zu 28 Euro) in höchst angenehmem Ambiente verbringen möchte.

+++ HÜTTEN 85-86 +++ U3 ST. PAULI +++ PETITBONHEUR-RESTAURANT.DE +++ 040/33441526 +++ DI-FR 12-0 UHR, SA AB 17 UHR, KÜCHE BIS 22.30 UHR +++

PICCOLO PARADISO

Im »kleinen Paradies« wird auf vegetarische Bioküche gesetzt (selbst die Weine erfüllen diese Kriterien!), und zwar so gekonnt, dass es bereits kleinere Auszeichnungen gab. Allerdings heißt vegetarisch (z. B. Mezze, Quiches) nicht supergünstig.

+++ BRÜDERSTR. 27 +++ S1/2/3 STADTHAUSBRÜCKE +++ PICCOLO-PARADISO.DE +++ 040/35715358 +++ DI-SA AB 17 UHR, KÜCHE BIS 22.30 UHR +++

FISCHFEINKOST DELIKATESSEN DES MEERES

Wer ein gutes Fischlokal für den Mittagstisch sucht, macht hier im Souterrain oder an den Draußentischen seit knapp 20 Jahren alles richtig. Legendär sind die freitäglichen »Meeresfrüchte mit Spaghetti« zu kleinem Geld.

+++ COLONNADEN 104 +++ U1 STEPHANSPLATZ +++ 040/346314 +++ MO-FR 11.30-17 UHR +++

CAFÉ JOHANNA

Das Frühstück und der hausgemachte Kuchen schmecken richtig gut. Dazu liegt der einstige Kiosk mit seinen großen Schaufenstern und Schulpulten fußläufig zum Michel.

+++ VENUSBERG 26 +++ U3 BAUMWALL +++ CAFEJOHANNA.DE +++ MO-FR 8-18 UHR, SA AB 10 UHR +++ KEINE RESERVIERUNGEN! +++

AUSGEHEN

TIPSY BAKER BAR

Die sehr abwechslungsreichen »Herrengedecke«, serviert mit Brot, Butter und Essiggurken, sind der Hit dieser schummrig-urigen Kneipe. Die Toilette ist mit *Gullivers Reisen* tapeziert.

+++ ESPLANADE 29/30 +++ U1 STEPHANSPLATZ +++ TIPSYBAKERBAR.EATBU.COM +++ MO/DI 17–1 UHR, MI/DO BIS 2 UHR, FR/SA BIS 3 UHR +++

PORTUGIESENVIERTEL

Man muss schon unterirdisch gelaunt sein, um es hier nicht gut zu finden. In lauen Sommernächten fühlt man sich mit den vielen Tischen vor den Lokalen ein wenig wie auf der Iberischen Halbinsel.

+++ RUND UM DIE DIETMAR-KOEL-STRASSE +++ U3 BAUMWALL +++ WER EIN ABENDESSEN ZU SPÄTER STUNDE WÜNSCHT, SOLLTE INS CARAMBA ESPECIAL (RAMBACHSTR. 4, TÄGL. 17–1 UHR) +++

SHOPPEN

OTTEN VON EMMERICH

Der vielleicht exklusivste Secondhandladen der Welt, in dem echte Laufstegaccessoires (Hermès-Taschen, Rolex-Uhren etc.) vergünstigt angeboten werden. Hinschauen!

+++ GROSSE BLEICHEN 21 (GALLERIA PASSAGE) +++ U1 OD. S1/2/3 JUNGFERNSTIEG +++ OVESHOP.DE +++ MO–FR 10–19 UHR, SA BIS 18 UHR +++

FUCK YEAH SEXSHOPKOLLEKTIV

Etwas komplett anderes als die schmuddeligen Sexshops, die es auch in Hamburg gibt. Hier, im linksliberalen Gängeviertel, wird auf Feminismus und alle sexuellen Identitäten wirklich Wert gelegt. Respekt!

+++ CAFFAMACHERREIHE 47 +++ U2 ST. GÄNSEMARKT +++ FUCKYEAH.SHOP +++ DI–FR 12–19 UHR, SA BIS 17 UHR +++

SCHLAFEN

4

ADINA APARTMENT HOTEL HAMBURG MICHEL

Die Einrichtung ist urban, es existiert ein Pool- und Saunabereich (5–23 Uhr), und die Preise sind wie die Ticketangebote der Deutschen Bahn: Mal klappt es für 120 Euro im Studio, dann wieder werden 220 Euro fällig. Das Frühstücksbuffet zu 15/21 Euro kann man sich sparen, weil die ziemlich geräumigen Zimmer (zwischen 27 und 65 qm) mit einer gut ausgestatteten Küche versehen sind.

+++ NEUER STEINWEG 26 +++ U3 ST. PAULI +++ ADINAHOTELS.COM +++ 040/2263500 +++

HOTEL HANSEATIN

13 individuell und nett eingerichtete Zimmer mit Einmal-Frotteepantoffeln, Büchern ausschließlich von Schriftstellerinnen (!), WLAN und sogar Wärmflaschen – lediglich Männer werden sanft hinauskomplimentiert ... Die Preise für ein EZ liegen zwischen 72 und 87 Euro, ein DZ kostet 114 Euro. Wer Etagenduschen akzeptiert, schläft günstiger.

+++ DRAGONERSTALL 11 +++ U2 GÄNSEMARKT +++ HOTEL-HANSEATIN.DE +++ 040/341345 +++

5
ST. PAULI
+++ ERLEBEN +++

TIGER

STERNSCHANZE U
<--ST. PAULI
STRESEMANN-STRASSE
NEUER KAMP
FELDSTRASSE U
144
DIE WÖRTERSCHLACHT IM WELTKRIEGSBUNKER
WOHLWILLSTRASSE
BUDAPESTER STRASSE
148
KEIN FUSSBALL DEN FASCHISTEN
GLACHCHAUSSEE
DOLLHOUSE
TABLE DANCE
CLEMENS-SCHULTZ-STR.
REEPERBAHN
159
EIN HANDSCHUH, EIN BOXKELLER UND EINE STARKE FRAU
136
EDGAR WALLACE IM PORNOKINO
140
U ST. PAULI
MILLERNTORDAMM
HAMBURG REEPERBAHN S
REEPERBAHN
152
DER MANN MIT DEM HUT
HELGOLÄNDER ALLEE
160
Fischmarkt
FISCHMARKT
159
160
HAFENSTRASSE
LANDUNGSBRÜCKEN
S U
158
132
ÜBER DIE ELBE TANZEN
ELBTUNNEL
HAFENSTRASSE
LANDUNGSBRÜCKEN

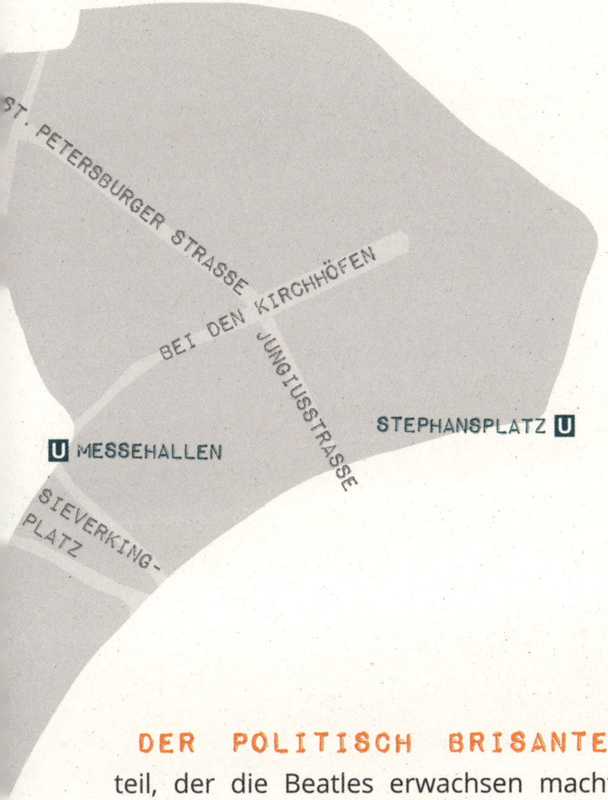

DER POLITISCH BRISANTE Stadtteil, der die Beatles erwachsen machte, durch Auftragsmorde in den 80ern in die Kritik geriet, an der Stadtteilaufwertung leidet und gegen die »Kioskisierung« ankämpft, lohnt sich nachts und tagsüber. Im zweiten Fall taucht man nicht in die sirrende Stimmung von Reeperbahn & Co, stattdessen entdeckt man das St. Pauli der Einheimischen. In den von Gründerzeitbauten gesäumten Straßenzügen wie der Clemens-Schultz- oder der Wohlwillstraße geht es angenehm antikapitalistisch und entspannt links zu.

ST. PAULI MUSEUM

ÜBER DIE ELBE TANZEN

UNTERWEGS MIT FRAU HEDIS TANZKAFFEE

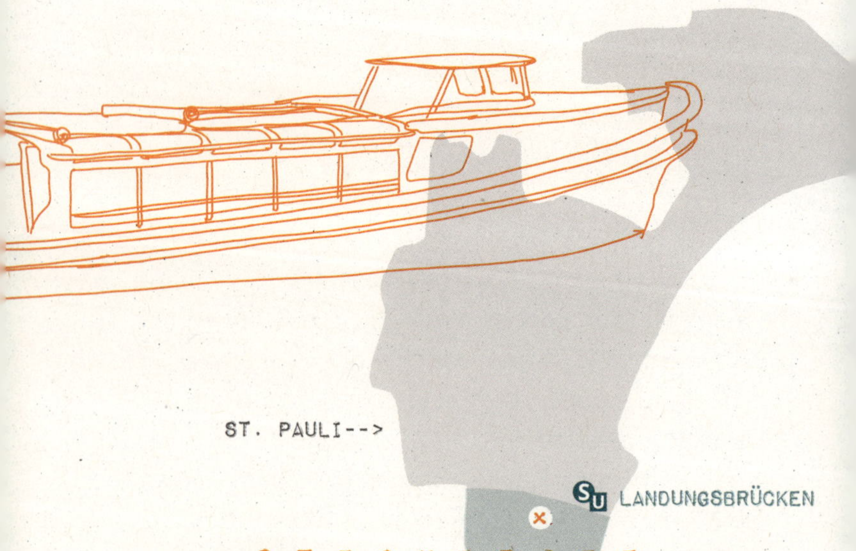

+ + + STECKBRIEF + + +

WO? LANDUNGSBRÜCKEN (BRÜCKE 10/INNENKANTE) +++ U3 ODER S1/2/3 LANDUNGSBRÜCKEN +++ WANN? MEIST DO-SA ZWISCHEN 19 UND 0 UHR (WINTERPAUSE JAN./FEB.) +++ FRAUHEDI.DE +++ WICHTIG! TICKETS BESSER ONLINE KAUFEN: HÖCHSTENS 105 PARTYPASSAGIERE SIND AN BORD ERLAUBT. AUSSERDEM IST ES GÜNSTIGER ALS AN DER ABENDKASSE +++ WIE LANGE? EINE TOUR DAUERT 60 MINUTEN +++ WIE VIEL? ZWISCHEN 6 UND 12 EURO +++

DAS WUNDER EREIGNET SICH kurz vor 21 Uhr. Wir bekommen einen der zu dieser Nachtzeit kostenlosen (!) Parkplätze direkt vor den Landungsbrücken – und warten an der Innenkante von Brücke 10 auf Frau Hedi. Wenige Minuten später sind wir an Bord einer Barkasse, die einzigartig für Hamburg ist. Wir geben uns zunächst auf dem überdachten Deck einer Sightseeing-Runde hin. Ein Vergnügen, das besonders in den dunklen Monaten mitreißt. Wann sieht man schon mal die Skyline im Funkelschein einer Winternacht? Auch die Speicherstadt, die HafenCity und die Elphi haben so etwas Verwegen-Geheimnisvolles. Danach gehen wir ins Innere, wo es nicht so vollgestopft ist, dass es schon wieder unangenehm wäre. Auch die nicht zu laute Musik, ein Estrella für 3 Euro und ein ziemlich entspanntes Publikum machen den Bootstrip großartig.

DABEI MUSS ICH ZUGEBEN: Ich bin keiner der Typen, die ständig die Nächte durchfeiern. Was vielleicht daran liegt, dass ich zwei Kinder habe, die häufig um 7 wach sind … Eher zieht es mich in ausgefallene Bars oder wilde Kneipen als in angesagte Clubs oder auf die Reeperbahn. Diese Barkasse, die tagsüber die Touristen bedient, ist beides. Seit 2003 schippert sie über den Strom, der die Stadt bestimmt. Zu jeder vollen Stunde wird angelegt. Dann mischen sich die Partypassagiere neu. Deshalb wird das legendäre Schiff auch zum Vorglühen genutzt, bevor es weitergeht in die Hamburger Nacht. Dieser »Ausstieg« war für einen Kumpel und mich bei unserem ersten Besuch auf der lässigen Lady allerdings nicht mehr möglich. Wir fanden es einfach zu gut dort und genossen Stunden der schönsten Desorientierung, während die Wellen gegen die Bordwand schwappten.

Noch ein Wort zum Publikum: Wenige Hipster haben sich heute herverirrt, dafür Jungverliebte und alternative Szenemenschen zwischen 20 und 60 Jahren. Menschen, mit denen man nebenbei ins Gespräch kommt, vor der winzigen Schiffstoilette etwa, an der man 20 Minuten ansteht. Diese Nacht legt DJane Malinka auf, die von Balkan Beats bis Jan Delay eine gute Mischung abstimmt; immer wieder spielen hier auch Livebands.

WIR TANZEN. WIR TRINKEN. Manchmal sind wir drinnen, dann wieder an Deck. Wir riechen das Eau de Toilette der Hafenstadt, Schiffsdiesel, und tauchen in diesen Kosmos ein, der uns irgendwann in die Nähe des Elbstrandes und später zu Elbe 17 treibt, dem Trockendock der Stadt, wo zufällig die Yacht eines reichen Russen liegt.

Zweimal werden wir angeschnackt, nie unangenehm, nie aggressiv. Die Musiken werden von Stunde zu Stunde tanzbarer, und diejenigen, die mit uns die vorletzte und letzte Runde über die Elbe nehmen (die übrigens immer anders ausfällt!), schauen bisweilen romantisch-verklärt auf ein Industriegebiet: dorthin, wo Containerriesen stehen und giraffenartige Kräne die sechs bis zwölf Meter langen Boxen aufnehmen.

In den Regentropfen auf den Fensterscheiben spiegeln sich die Glitzerlichter der Diskokugel – und ich frage mich, wo ich gerade bin ... Da legt sie schon wieder an, die Dame, die den Fluss zu bespielen weiß, und wir verschwinden mit einem sehr zufriedenen Gefühl zum Wagen, bevor um 7 Uhr früh wieder der (ähnlich wilde) Familienwahnsinn anfängt.

WENN MAN SCHON MAL HIER IST:

Wer es tatsächlich schafft, vor der letzten Tour von Bord zu gehen, kann im **Mojo Club** (siehe S. 162) oder im **Chug Club** (siehe S. 162) weiterfeiern. Ein Tipp für anspruchsvolle Cocktailgenießer ist dann noch die **Drip Bar** □→ (man klingelt!). Sie liegt in einem eher abseitigen Kiezquartier nördlich des **Gezi Park Fiction** (siehe S. 160): Antonistraße 4, Mo–Mi 18–1 Uhr, Do bis 2 Uhr, Fr/Sa bis 3 Uhr, dripbar.de.

EIN HANDSCHUH, EIN BOXKELLER UND EINE STARKE FRAU

KLEINE »TANKSTELLEN«-TOUR DURCH DREI KIEZKNEIPEN

+++ STECKBRIEF +++

WO? HAMBURGER BERG 2 (GOLDENER HANDSCHUH, 24 STUNDEN GEÖFFNET), REEPERBAHN 140 (ZUR RITZE, TÄGL. 17–4/6 UHR), SILBERSACKSTRASSE 9 (ZUM SILBERSACK, TÄGL. 17–1/3/5 UHR) +++ U3 ST. PAULI ODER S1/2/3 REEPERBAHN +++ GOLDENER-HANDSCHUH.DE, ZURRITZE.COM, FACEBOOK.DE (»ZUM SILBERSACK«) +++ WANN? SIEHE OBEN! +++ WICHTIG! BETRETEN AUF EIGENE GEFAHR … +++ WIE LANGE? ZWISCHEN 30 MINUTEN UND 2 STUNDEN, JE NACHDEM, WIE VIELE KNEIPEN MAN ANSTEUERT +++ WIE VIEL? EINTRITT FREI, BIERE BEZAHLBAR +++

»RAUS AUS DER KOMFORTZONE!« lautet das Motto, das ein Kumpel und ich uns verordnet haben. Wir wollen den Kiez kennenlernen. Aber nicht in den Sommermonaten, wo seltsam verkleidete Partymenschen hier herumstreunen. Dazwischen Junggesellenabschiede und Engländer, die endlich Freigang haben. Malle, nur ohne Sand, Disneyland, nur mit etwas Sex. Im Winter sieht es auf der »geilen Meile« ein wenig anders aus. Und man merkt, dass sie noch lange nicht so abgeschrieben ist, wie es in zahlreichen Medien häufig rüberkommt. Es geht düsterer zu, rauer. Manchmal unangenehm.
Unser Ziel sind drei Biere in drei echten Kiezkneipen. Einer dieser letzten Zeugen eines fast versunkenen Reeperbahnzeitalters ist der Goldene Handschuh. Berüchtigt war er schon immer, berühmt wurde er durch das gleichnamige Buch von Heinz Strunk und die Verfilmung durch Fatih Akin.

»ACHTUNG. TASCHENDIEBE!« steht auf dem Türstock. Es ist ziemlich voll, als wir reingehen; die Gäste sind es auch. Ein Besoffener taumelt schnurstracks auf mich zu, will aber dann doch nur anstoßen. Wir setzen uns und sehen einer Spielautomatenlady zu. Die Hymnenmaschine der *Toten Hosen* dudelt durch die Boxen. Am Nebentisch wirkt ein älteres Pärchen auf eine eigentümliche Weise verliebt; ihr Macker hat eine metallene Armschiene, doch er tanzt für sie. Was soll ich sagen? Ich fühle mich verrückterweise aufgehoben in diesem etwas abgehalfterten Wohnzimmer mit dem sehr netten Barkeeper, der uns sofort unsere Biere zapft. – Fritz Honka, denke ich irritiert, hat hier auch gesessen, damals in den späten 60ern und frühen 70ern, einige Fanta-Korns und Rum-Colas gekippt und ziemlich fertige Teilzeitprostituierte mit nach Hause genommen; vier von ihnen hat er getötet.

Wir trinken aus und ziehen weiter. In der Kälte der Nacht liegen Obdachlose, die an der Fassade der Sexschuppen schlafen. Natürlich werden wir angekobert. Der Mann wirkt osteuropäisch und erzählt von »echten Frauen«, die wir sehen müssen. Mein Blick fällt auf einen Bettler ohne Hände. In einem Hinterhof treffen wir auf das legendäre Plakat von Erwin Ross. Es führt in die Ritze.

ALS HANNE KLEINE NOCH LEBTE, durfte man in den Boxkeller, wenn man freundlich fragte. 2006 erhängte sich dort der Zuhälter Stefan Hentschel. Lange zuvor boxten Mike Tyson, Muhammad Ali, die Klitschkos und Henry Maske hier. Heute kostet es 3 Euro, wenn man einen Blick auf den Boxring werfen will. »Wie findest du das?«, frage ich meinen Kumpel. »Eine gute Geschäftsidee«, sagt er und grinst. Es hat trotzdem was, den mit Plakaten tapezierten Raum zu betreten – und sein Kopfkino einzuschalten.

Unsere dritte Station bringt uns in den Silbersack. Wir nehmen eine ordentliche Nase Passivqualm und sehen ein Barkeeperpärchen, wie man es sich auf dem Kiez vorstellt: Gesichtstattoos, der Mann trägt einen riesigen Nasenring. Ich mochte den Laden lieber, als Erna Thomsen als starke Frau und gute Seele hier ausgeschenkt hat. Sie und ihr Mann haben die einstige Seemannskneipe, in der oft eine Band spielte, groß gemacht – und schon Hans Albers, Heinz Rühmann, Gert Fröbe oder Hildegard Knef bedient. Wir kippen ein letztes Bier, einen Schnaps und noch einen. Auf die Vergangenheit! Auf die Sehnsucht! Und darauf, dass man auf St. Pauli stets einen Grund findet: um auszubrechen …

WENN MAN SCHON MAL **HIER** IST:

Wer es noch bizarrer mag, geht in den **Elbschlosskeller** (eigene Verantwortung!), »Hamburgs härteste Kiezkneipe« (NDR): Hamburger Berg 38, 24 Stunden geöffnet. Etwas Handfestes zu essen bekommt man zu sehr später Stunde nach einem 20-minütigen Ausnüchterungsspaziergang in der Schanze ☐→ in **Erika's Eck** (siehe S. 180).

EDGAR WALLACE IM PORNOKINO

DIE KRIMINALSTÜCKE IM IMPERIAL THEATER

+ + + STECKBRIEF + + +

WO? REEPERBAHN 5 +++ U3 ST. PAULI +++ WANN? JEDEN DO/FR/SA UM 20 UHR +++ IMPERIAL-THEATER.DE +++ WIE LANGE? ETWA 2,5 STUNDEN +++ WIE VIEL? ZWISCHEN 16 UND 34 EURO +++

WER MAG SIE NICHT, die alten Reißer von Edgar Wallace, von denen einige noch in Schwarz-Weiß gedreht wurden? Otto persiflierte sie, häufig spielte der widerwärtig-geniale Kinski mit, sie haben außergewöhnlich absurde Titel – *Der Mönch mit der Peitsche, Das indische Tuch, Der grüne Bogenschütze* –, und meine Eltern und ich verfolgten solche und andere Kinostreifen jeden Samstag nach dem Vorabendgottesdienst in einem der frühen Privatsender. Wir sind Katholiken und beherrschen es, scheinbar Widersprüchliches zu vereinen … Unvergessen bleibt ein Ausspruch meiner Mutter, den sie in tiefstem Fränkisch tätigte: »Di schderm ja wie di Muggn.« Im Imperial Theater gleich zu Beginn der Reeperbahn kommen solche Klassiker seit 2003 auf die Bühne. An einem Donnerstag im September schaue ich mir den *Frosch mit der Maske* an.

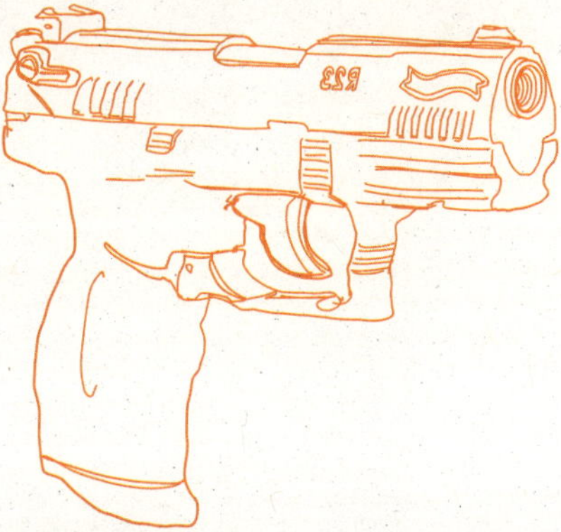

DAS IMPERIAL ist ein ehemaliges Pornokino, das – keine Angst! – aufwendig renoviert und umgebaut wurde. Trotzdem wirkt es auf gute Art aus der Zeit gefallen. Der samtrote Theatervorhang trägt dazu bei, mit seiner Borte aus Knarren und den Flaschen mit Totenköpfen. Weil diesmal weniger Karten verkauft werden, bekomme ich ein Upgrade: ins Parkett – und dort in die zweite Reihe, wow! Getränke dürfen ins Theater mitgenommen werden, weswegen es shakespearehafter zugeht als in anderen Häusern, weniger zugeknöpft, populärer, ohne anbiedernd oder salopp zu sein. Wer keine fünf- bis sechsstelligen Subventionen erhält, entwickelt andere Ideen, um mögliche Schwellenängste zu mindern. Als die Lautsprecherdurchsage ertönt, bin ich bereits im Thema. »Hallo, hier spricht Edgar Wallace!« Eine Titelmelodie, die einen ähnlichen Sog wie die alten Bond-Songs hat. Nostalgie pur! Die Ausstattung und das Outfit der Schauspieler sind großartig. Man fühlt sich versetzt in die Nachkriegszeit: karierte Anzüge, exquisite Manieren, Slapstickelemente. Während sich die Londoner Nebelstory in wilden und gekonnt gemachten (Kurz-)Szenen abrollt, frage ich mich, ob das Theater dem Kino und Streamingdiensten doch überlegen ist … Auch wegen der Schreckschusspistolen, die einen herrlich auffahren und zucken lassen!

IN DER PAUSE im kleinen Foyer werden Wallace-Hörspiele für 8 Euro verkauft. Ich staune über eine Büchersäule, in der die roten Goldmann-Krimiklassiker hinter Glas gepackt sind, darunter *Das Geheimnis der Stecknadel* oder *Zimmer 13*. Das alles ist liebevoll arrangiert und kommt ohne Schickimicki-Getue aus. Man verzehrt Laugenbrezen statt Pastetchen, man nimmt sich Cola mit statt Champagner.
Nein, ich bin kein Feind des elitären Theaterbetriebs! Das Deutsche Schauspielhaus (2017 habe ich dort *Unterwerfung* mit dem genialen Edgar Selge gesehen), das Thalia Theater (hier traten schon *Tocotronic* auf) und die Kammerspiele (Wolfgang Borcherts *Draußen vor der Tür* wurde dort uraufgeführt) leisten Hervorragendes. Doch manchmal darf es auch Unterhaltung sein, die in diesem Saal mit den Kinoklappsitzen so echt daherkommt, dass ich mich fast wieder fühle wie damals auf der Couch nach dem Vorabendgottesdienst, wenn wir zusahen, wie Menschen wie Mücken starben – und uns wohlig gruselten …

WENN MAN SCHON MAL **HIER** IST:

Man könnte sich vor dem Theatererlebnis stärken, möglicherweise im **Kuchnia** (siehe S. 161) oder, wenn es exklusiver und abseitiger sein soll, im **Salt & Silver** (siehe S. 161). Hinterher, gegen 22.30 Uhr, drängt es sich geradezu auf, über die **Reeperbahn** (siehe S. 159) zu flanieren und eine **Tankstellentour durch drei Kiezkneipen** □→ (siehe S. 136) zu unternehmen …

DIE WÖRTERSCHLACHT IM WELTKRIEGSBUNKER

EINE NACHT IN HAMBURGS HÄRTESTER POETRY-SLAM-ARENA

+ + + STECKBRIEF + + +

WO? FELDSTRASSE 66 (HOCHBUNKER) +++ U3 FELDSTRASSE +++ WANN? JEDEN LETZTEN DONNERSTAG IM FEBRUAR/APRIL/OKTOBER/DEZEMBER UM 20.30 UHR +++ KAMPF-DER-KUENSTE.DE +++ WIE LANGE? ETWA 2 STUNDEN +++ WIE VIEL? 8 EURO +++

DIE SCHLANGE VOR dem Hochbunker auf dem Heiligengeistfeld ist lang. Wenn man so will, ist ein Wettstreit mit Worten die ideale Rache am Nazi-Regime. Ich denke darüber nach, während meine Augen die fast 40 Meter hohen Betonwände nach oben klettern. Zwischen 1942 und 44 ließen die braunen Schergen den Flakturm IV mit seinen vier Türmen hochziehen. Während sich damals bis zu 25.000 Menschen vor den Luftangriffen hinter die 4 Meter dicken Wände flüchteten (ausgerichtet war das Bollwerk lediglich auf bis zu 18.000!), ist die Wörterschlacht, die hier und heute stattfindet, eine experimentierfreudige und sehr offene. Etwa 500 Begeisterte haben sich im Uebel & Gefährlich eingefunden, dem Club im 4. Stock des Bunkers, den der Popliterat Tino Hanekamp mitgegründet hat. Anders gesagt: Es ist voll, sehr voll, und es ist wunderbar.

ZUNÄCHST HABE ICH DAS GEFÜHL, es handele sich um ein gemischtes Publikum. Bei der Frage des Moderators, wer unter 20, 25 oder über 30 ist, stellt sich schnell heraus: Ich bin mit 40 uralt. Warum besucht man eigentlich einen Slam? Vielleicht weil man hinterher immer schlauer herausgeht und die Themen der heute Zwanzigjährigen wieder besser kennt. Ein Slam ist auch ein soziologisches Experiment. Manchmal stehen Fragen im Saal, die erst entstehen, wenn man zuhört und sich einlässt auf diese ganz eigene Welt, die ein Wortmagier baut oder einreißt. Es geht um Zeitgeistphänomene, die lächerlich gemacht werden wollen, um Gesellschaftskritik, um Humor. Dabei treten regionale Größen auf – der älteste Slammer Hamburgs ist 85! –, solche, die sich dafür halten und sogar Comedyprofis.

Ich hole mir ein Astra, genieße die Club-Atmosphäre und lausche den Regeln. In der Vorrunde regiert eine per Zufall gefundene Jury, die Bewertungen zwischen 0 und 10 abgibt, mit Kommastellen. Die schlechteste und die beste Punktzahl werden gestrichen. Später, im Finale, entscheidet einzig und allein: der Applaus. Der Moderator in dieser Nacht heißt David Friedrich, selbst erfolgreicher Slammer und Poet im Hauptberuf.

DANACH HEISST ES »Rastet total aus für …« acht Poetinnen und Poeten, die gegeneinander antreten. Einer verirrt sich in Szenarien über eine Zukunft, die düster ist. Ein anderer schreibt einen Beschwerdebrief an die Musikindustrie. Es stehen eine Finanzbeamtin auf der Bühne, ein Deutschlehrer und ein Papa – und mindestens zwei, die von ihren Auftritten leben: Tilman Birr und Bumillo. Es ist diese heiße und etwas stickige Stimmung, die den Reiz solcher Wettkämpfe ausmacht. Es geht auch um Voyeurismus, ums Scheitern. Tina Uebel war die Erste, die den Dichterstreit an die Elbe holte. Das war am 28. Januar 1997. Heute ist Hamburg längst zur Hauptstadt des Slams geworden. 2015 gelang den Machern um Michel Abdollahi der weltgrößte Wörterfight vor 5.000 Zuschauern auf einer Trabrennbahn in Altona. Auch in der Elphi treten die Rockstars unter den Literaten auf. Sagen wir es ausnahmsweise einmal superlativ: Wer in Hamburg war, ohne einen Poetry Slam besucht zu haben, war nicht in Hamburg. Punkt.

WENN MAN SCHON MAL HIER IST:

Das nördliche Ende des **Heiligengeistfelds** ist die Grenze zwischen St. Pauli und Schanze. Das wiederum heißt: Die **Kneipendichte** ist groß (siehe S. 162 und 181–182) ➩. Auch kulinarisch kann man es sich in beiden Stadtvierteln sehr gut gehen lassen (siehe S. 161 und 180–181) – von hochpreisig bis supergünstig, von fleischlastig bis vegan. Wichtig: **»Kampf der Künste«** veranstaltet nicht nur den Bunkerslam, sondern 150 Auftritte jährlich, darunter Soloshows, Singer-Songwriter-Slams und Best-of-Serien in großen Häusern.

KEIN FUSSBALL DEN FASCHISTEN

EINE STADIONFÜHRUNG DURCHS MILLERNTOR

+ + + S T E C K B R I E F + + +

WO? HARALD-STENDER-PLATZ 1 +++ U3 ST. PAULI +++ WANN? MO–FR 14.30 UHR, SA/SO 10.30 UHR (AN HEIMSPIELTAGEN ENTFÄLLT DIE TOUR) +++ FCSTPAULI.COM, STICHWORT »TICKETS/STADIONFÜHRUNG« +++ WIE LANGE? ETWA 120 BIS 150 MINUTEN +++ WIE VIEL? 13,50 EURO, ERMÄSSIGT 11 EURO +++

NACH ZWEIEINHALB STUNDEN ist die Führung vorbei – und ich bleibe mit dem irritierenden Gefühl zurück, dass Kulissen Kulissen sind. Der Raum für Pressekonferenzen ist klein, viel kleiner, als er im Fernsehen wirkt, der Rasen logischerweise leer. Selbst die VIP-Lounges verlieren ohne die Promis an Flair. Trotzdem oder gerade deshalb ist diese Führung augenöffnend. Zumal die Hintergründe, die man erfährt, ihresgleichen suchen, gerade hier im Millerntor auf St. Pauli, wo die Uhren ein wenig anders gehen: nämlich antikapitalistisch, antifaschistisch, anarchisch. Ein Beispiel: Weil die Kiezkicker bis heute keinen Titel erringen konnten, gingen sie als »Weltpokalsiegerbesieger« in die Fußballgeschichte ein. Am 6. Februar 2002 schlugen sie als Tabellenletzter den damals übermächtigen FC Bayern mit 2 zu 1. Logo, dass sofort T-Shirts mit dieser Aufschrift im Fanshop auftauchten!

SCHNACKS UND STORYS wie diese sind es, die die Mixed Zone möblieren, genau wie das Stadionheim, die Kabinen oder die Businesskästen (»Séparées«). Der etwa 40-jährige Hipsterguide, ein leidenschaftlicher Anhänger des Kiezklubs, erzählt von Erlebnissen mit Uli Hoeneß, der die Duschen im Keller nicht sonderlich mochte; als Belüftung diente ein gekipptes Fenster. »Ohne Badelatschen ging man da nicht hinein, und einmal gab es sechs Monate lang nur kaltes Wasser!« Sogar Fußballreporter-Ikone Marcel Reif musste seinerzeit über ein Wellblechdach (!) zu den Reporterplätzen klettern (!!).

Doch es geht auch um die Historie des linksliberalen Fußballzwergs, der zwei Fanklubs in Athen, einen in New York und neuerdings einen auf der Südseeinsel Rarotonga hat. In den 80ern stand es weniger gut um die Balltreter auf St. Pauli. Das Stadion war nur halb gefüllt, und der etwas konservative Arbeiterverein öffnete sich den Anwohnern gegenüber langsam. Heute ist die Piratenflagge, die einst von den Hausbesetzern der Hafenstraße »gekapert« wurde, längst Kult, der Frauenanteil ist höher als in anderen Arenen und der 1910 gegründete FC immer noch ein eingetragener Verein, kein Fußballunternehmen wie viele andere.

TROTZDEM KANN SICH die mit 30.000 Plätzen bestückte »Astrakiste« gut sehen lassen. Getreu dem Motto »Sitzen is fürn Arsch!« bietet sie 4.000 mehr Steh- als Hintern-, äh, Sitzplätze. Ja, man meint es ernst mit der Mentalität, die es selbst auf die Tribünen geschafft hat. Einer von zwei Slogans spielt auf einen Spruch in der Weimarer Republik an (»Kein Fußball den Faschisten«) und wurde schon einmal durch den DFB umständlich zugedeckt – wofür sich die Funktionäre später devot entschuldigten ...

Der Höhepunkt der Tour ist aber die in Horrorfarben gehaltene Katakombe der Gegner. Die sollen schon vor dem Warmmachen wissen: »Es wird richtig gefährlich da draußen. Besser, ihr lasst die Punkte hier!« Man ist schließlich nicht irgendwer, im einstigen Außenseiterviertel im Hamburger Westen, wo ein schwuler Pastor predigt, die Hausbesetzer längst Hausbesitzer sind und ein kleiner Fußballverein mutig Widerstand leistet: gegen den Kommerz, gegen den DFB, gegen die Absurdität der Siegermentalität.

WENN MAN SCHON MAL HIER IST:

Wer jetzt Lust auf ein Heimspiel hat, sollte wissen, dass **Tickets** die härteste Währung auf dem Kiez sind: Die Karten gelangen zunächst in den Vorverkauf für Vereinsmitglieder ... Wer ersatzweise einen Fight der Braun-Weißen live im TV verfolgen will, kann dieses Verlangen im **Clubheim** □→ stillen (Südseite, mind. 1 Stunde vorher da sein!); während der Woche gibt's von 12 bis 14.30 Uhr eine Auswahl an fünf gut gemachten Mittagsgerichten unter 10 Euro.

DER MANN MIT DEM HUT

EIN BESUCH IN DER PANIK CITY

+++ STECKBRIEF +++

WO? SPIELBUDENPLATZ 21 (ALTE LIEBE. TICKETS ONLINE ODER AM »QUIDDJE«-SCHALTER GEGENÜBER) +++ U3 ST. PAULI +++ WANN? TÄGLICH VON 10-21 UHR, WOBEI DIE GANZ FRÜHEN UND DIE NACHTTERMINE MEIST AUSGEBUCHT SIND +++ PANIKCITY.DE, TEL. 040/64665500 +++ WICHTIG! 30 MINUTEN VORHER DA SEIN! IN DER PANIK CITY DARF WEDER FOTOGRAFIERT NOCH GEFILMT WERDEN! +++ WIE LANGE? ETWA 90 MINUTEN +++ WIE VIEL? ETWA 29,50 EURO, VOR 14 UHR MEIST 24 EURO. HINTERHER GIBT ES IN DER ALTEN LIEBE EINEN EIERLIKÖR GRATIS +++

DER GUIDE, der einen Freund und mich und zwanzig andere Lindianer in der Kneipenbar Alte Liebe einsammelt, hat original die Statur und die Gesichtszüge von Tyrion Lennister aus der Serie *Game of Thrones*; außerdem ist er Franke. Er erzählt uns, dass »gschdandene Mannsbilder schon Tränen in den Augen hatten«, nachdem sie diese »Experience« erlebt hätten. Mein Kumpel wiederum ist ein einstiger Schiffskoch, der mit Lindenberg bereits auf Kreuzfahrt war. Weil er der Rock'n'Roll-Nachtigall jeden Morgen das Frühstück machte, verlieh die ihm den Spitznamen »Mister Baked Beans« ...

Reichlich skurriler Stoff also, um das »Udoversum« der Stadt zu besuchen, die den kleinen Jungen aus Gronau erwachsen und groß gemacht hat. Nach einer Fahrstuhlfahrt gelangen wir in eine Art Geheimclub, der so etwas ist wie eine begehbare Biografie.

WAS SOFORT AUFFÄLLT: Alle sind locker drauf. Es muss mit diesem schlaksigen Typen zusammenhängen, der uns über einen Einspieler sein Wohnzimmer im Atlantic zeigt. Noch beeindruckender finde ich die Bildschirme im nächsten Raum. Udo unterhält sich von Screen zu Screen sehr persönlich mit seiner Schwester und alten Schulfreunden. Man sieht ihn in einer Kneipe, bei der Enthüllung einer Statue, die ihn selbst zeigt – und in der »schönsten Straße von Gronau«: »Sie führte hinaus.«
Sicher, wer den Lebenslauf des Musikers wirklich gut kennt und schon einige Bücher über ihn gelesen hat, wird auf alte Bekannte treffen. Trotzdem packen mich die echten Einblicke in ein Leben, das auch ein Stück Hamburger und deutscher Geschichte abbildet. Hinterher bekommen wir iPads, und ein »höchstoffizieller« DDR-Kaderbeamter liest uns skurrile Ausschnitte aus Lindenbergs Stasiakte vor. Darin geht es um einen »mittelmäßigen Schlagersänger«, der »betont anarchistisch« auftrete ... Wir sehen den letzten gebauten Trabi, den der Rocker von 3.000 Arbeitern des Autowerks Zwickau geschenkt bekam – und sofort vergolden ließ. Selbst die Schalmei ist ausgestellt, die Erich Honecker dem vielleicht poetischsten deutschen Songschreiber schickte. Ob »Oberindianer Honni« die klare Haltung zu Frieden und Freiheit manchmal heimlich bewundert hat?!

IN DER NÄCHSTEN KAMMER entführt uns der sympathische Spinner in die Boogie Park Studios. Obwohl ich miserabel singe, lasse ich mich mitreißen – und: »mach mein Ding, egal was die anderen labern.« Danach zeichnen wir »Likörelle«, allerdings nicht mit »Ballerstoff«, sondern auf Touchscreen. Udo ist immer dabei, von Bildschirmen macht er uns Komplimente, und es wirkt fast, als wäre er mit im Raum.

Kurz darauf geht es in einen Backstagebereich, der perfekt getroffen ist: null Glamour, graue Betonwände, die mit Bandplakaten beklebt sind, und Tyrion Lennister, der uns auf ein Bühnenerlebnis in Mannheim einstimmt. »Neulich hatte ich einen Typen hier«, erzählt er, »der plötzlich gerufen hat: ›Ich seh mich!‹« Wir lachen, nehmen unsere Plätze auf den 360-Grad-Sesseln ein, setzen die Brillen auf, die von *Star Trek* sein könnten, und kommen Udo Lindenberg und Jan Delay so nah wie sonst nie. Wir stehen mit ihnen auf der Bühne. Von dort blicken wir ins Publikum, nehmen einen ordentlichen Schluck Ruhm und hören der Hamburger Nationalhymne zu: »Reeperbahn, alles klar, du alte Gangsterbraut, jetzt bin ich wieder da!«

WENN MAN SCHON MAL **HIER** IST ...

... sollte man nach einem Eierlikör for free die **Reeperbahn** □→ (siehe S. 136 und 159) unsicher machen. Falls es noch nicht zu spät ist, lohnt sich auch ein Besuch bei der **Pizzabande** (siehe S. 161). Oder man geht für ein Fischbrötchen ins **Kleine Haie Große Fische**: Querstr. 4, Fr/Sa 17–4 Uhr! Sogar shoppen ist möglich, an Wochenenden bis 0 Uhr im **Bidges & Sons** (siehe S. 162).

WENN MAN SCHON MAL IN ST. PAULI IST

+++ SEHEN +++

+++ ESSEN +++

+++ AUSGEHEN +++

+++ SHOPPEN +++

+++ SCHLAFEN +++

5

SEHEN

LANDUNGSBRÜCKEN UND ALTER ELBTUNNEL

An den sehr touristischen **Landungsbrücken**, die zwischen 1906 und 1910 aus Tuffstein errichtet wurden, starten die Überfahrten auf die andere Elbseite zu den zwei Musicaltempeln, die Trips nach Helgoland und die klischeelastigen Hafenrundfahrten. Dafür liegt zwischen Brücke 6 und 7 der gespenstische **Alte Elbtunnel** von 1907 und 1911, durch den man 25 Meter unter der Elbe einen etwa 400 Meter langen Spaziergang nach Steinwerder unternehmen kann; dieselbe Strecke, die früher die Hafenarbeiter zurücklegten! Von dort ist die Aussicht auf die **Skyline der Stadt** sehr beeindruckend.

+++ U3 LANDUNGSBRÜCKEN ODER S1/2/3 LANDUNGSBRÜCKEN +++ EIN GUTES FISCHBRÖTCHEN BEKOMMT MAN IN BRÜCKE 10 (TÄGL. 10–20/22 UHR), WO MAN AUCH DEN HAFEN AM HORIZONT GUT SIEHT +++

REEPERBAHN UND GROSSE FREIHEIT

Mit der Reeperbahn und der Großen Freiheit ist es ein wenig schwierig. Zum einen will jeder dorthin, wenn er schon mal in Hamburg ist. Zum anderen hat die »geile Meile« nichts mehr mit dem ursprünglichen Kiez gemein und erinnert an manchen Wochenenden an, tschuldigung, Menschenansammlungen auf Malle … Definitiv authentischer geht es in den **Seitenstraßen** wie Hamburger Berg, Hans-Albers-Platz oder Silbersackstraße zu. Die **Theater auf dem Spielbudenplatz** wiederum (z. B. Schmidt Theater und Schmidts Tivoli) sind ziemlich einzigartig.

+++ U3 ST. PAULI ODER S1/2/3 REEPERBAHN +++ ACHTUNG. AN WOCHENENDEN SOWIE AN UND VOR FEIERTAGEN DARF MAN KEINE GLASFLASCHEN MITNEHMEN! +++

FISCHMARKT

Zu den ewigen Top Ten der Hamburg-Charts zählt ein Besuch des Fischmarkts. Nicht zuletzt wegen der Hamburcher Originale, die auch Südfrüchte und Blumen »versteigern«. Anders gesagt: Wenn sich an Sonntagen zwischen 5 und 11 Uhr das ausgelassene Partyvolk mit den Reisenden mischt, ist die Stimmung gut und das Gedränge groß … Der Fischmarkt geht bis 1703 zurück, die **backsteinerne Fischauktionshalle** stammt von 1895/96 und kann sogar Sturmfluten aushalten.

+++ U3 LANDUNGSBRÜCKEN ODER S1/2/3 LANDUNGSBRÜCKEN +++ ZWISCHEN 1. NOVEMBER UND 31. MÄRZ GEHT ES ERST UM 7 UHR LOS! +++

HAFENSTRASSE

Als die einstigen Hausbesetzer nach eineinhalb Jahrzehnten endlich »ihre« Häuser bekamen, hatten sich die Hamburger längst mit den vermeintlichen Revoluzzern solidarisiert. Einer der Gründe war, dass die Verbrechen einige Parallelstraßen nördlich stets brutaler ausfielen. Ein zweiter, dass die Innenbehörde (!) eine verschleierte Eskalation anstrebte, um die Häuser stadtstaatlich zu räumen – was nach einem Aktendiebstahl der Besetzer herauskam … Noch heute ist die Hafenstraße sehr politisch und der kleine **Gezi Park Fiction** ein Beispiel basisdemokratischer Selbstverwaltung.

+++ U3 LANDUNGSBRÜCKEN ODER S1/2/3 LANDUNGSBRÜCKEN +++ PARK-FICTION.NET +++

ST. PAULI MUSEUM

Ein wenig mehr Kritik am Kiez hätte ich mir gewünscht! Allerdings gibt es kein Museum, das so viel über den einstigen Vorort verrät wie dieses. Dazu zählen auch Filme und frühe Fundstücke, die die Entwicklung des umstrittenen Stadtteils (der bis 1861 außerhalb der Stadttore lag) plastisch auffächern. Selbst Stadtikonen wie die Streetworker-Hure Domenica kommen zu Wort.

+++ DAVIDSTR. 17 +++ U3 ST. PAULI ODER S1/2/3 REEPERBAHN +++ SANKT-PAULI-MUSEUM.DE +++ MO–MI 11–18 UHR, DO/FR BIS 21/23 UHR, SA 10–23 UHR, SO/FEI BIS 18 UHR +++ TICKET 5 EURO, ERM. 4 EURO +++

SALT & SILVER – ZENTRALE

Die lateinamerikanische Küche ist feiner als anderswo. Dabei gibt es auch Waghalsiges wie frittierte Heuschrecken. Die Speisen zwischen 15 Euro (z. B. Pulpo) und 28 Euro (z. B. Flap Steak) waren *Szene Hamburg* schon eine Auszeichnung wert.

+++ ST. PAULI HAFENSTRASSE 136–140 +++ S1/2/3 REEPERBAHN +++ SALTANDSILVER.NET +++ TÄGL. AB 18 UHR. KÜCHE BIS 22 UHR +++ RESERVIERUNGEN ONLINE! +++

KUCHNIA

Immer noch ein kleiner Szene-Flüstertipp. Das Kuchnia ist liebevoll eingerichtet und wartet mit osteuropäischen Klassikern auf; von einigen hat man noch nie gehört. Preislich bezahlbar, besser reservieren!

+++ TALSTR. 87 +++ U3 ST. PAULI +++ KUCHNIA-WODKABAR.DE +++ 040/8226125 +++ MO–FR AB 17 UHR, SA/SO AB 16 UHR +++

PIZZABANDE

Ich bin kein Veganer, doch die veganen Varianten dieses superkreativen Pizzaladens fand ich hervorragend. In weltoffen-antifaschistischer Atmosphäre verspeist man sein belegtes Teigrad zu etwa 12 Euro.

+++ LINCOLNSTR. 10 +++ S1/2/3 REEPERBAHN +++ PIZZABANDE.DE +++ TÄGL. 12.30/13.30 UHR–22/23 UHR +++ KEINE RESERVIERUNGEN! +++

ZUCKERMONARCHIE

Vertrauen Sie mir, die Cupcakes und Mousse-Törtchen in minimalistisch-sanfter Stuckatmosphäre werden Ihnen schmecken!

+++ TAUBENSTR. 15 +++ U3 ST. PAULI +++ ZUCKERMONARCHIE.DE +++ 040/38630682 +++ MI–FR 11–19 UHR, SA/SO 10–18 UHR +++

AUSGEHEN

MOJO CLUB

Was man hier *nicht* bekommt: Rock und Heavy Metal. Dafür werden Soul, Elektro, Jazz und Dancefloor von Bands und DJs in die musikliebenden Ohren der Besucher »dirigiert«. Von freiem Eintritt bis 35 Euro!

+++ REEPERBAHN 1 (TANZENDE TÜRME) +++ U3 ST. PAULI +++ MOJO.DE +++ LEGENDÄR IST DER ROLLERSKATEJAM MIT ROLLSCHUHEN ZUM AUSLEIHEN! +++

CHUG CLUB

Man wird von der aufmerksamen Besitzerin begrüßt und bekommt Kleincocktails, die sehr gut schmecken. Leider darf in der schon mehrfach ausgezeichneten schummerig-roten »Bar des Jahres« gequalmt werden.

+++ TAUBENSTR. 13 +++ U3 ST. PAULI +++ 040/35735130 +++ TÄGL. 18-2 UHR. FR/SA BIS 4 UHR +++

SHOPPEN

BIDGES & SONS

Dieses faire und vegane Streetwear-Label gründeten 2013 zwei Brüder. Es zeigt, wie wenig »Öko-Look« nachhaltige Klamotten haben müssen.

+++ REEPERBAHN 7 +++ U3 ST. PAULI +++ BIDGES-SONS.COM +++ TÄGL. 12-22 UHR. FR/SA BIS 0 UHR +++

HIP CATS

Die Verkäuferin ist etwas speziell, doch der Laden dafür klasse. Zwischen ollen und echten Vintage-Schätzen stöbert man wie auf einem verlassenen Dachboden.

+++ HEIN-HOYER-STR. 56 +++ U3 ST. PAULI +++ HIP-CATS.DE +++ MO-SA 15-20 UHR +++

+++++++++++ SCHLAFEN ++++++++++++++

5

SUPERBUDE

Auf der Grenzlinie zwischen St. Pauli und Schanze steht dieses ziemlich lässige Designhotel. Die Doppelbuden mit der Zeitungsartikel-Tapete kriegt man immer wieder für 75 Euro; manchmal werden es 95 Euro. Das wissen leider sehr viele, weshalb es an Wochenenden im Sommer oft ausgebucht ist. Am Buffet (auch für Veganer!) kann man sich zwischen 7 und 12 Uhr für einen Zehner bedienen.

+++ JULIUSSTR. 1-7 +++ U3 FELDSTRASSE +++ SUPERBUDE.DE +++ 040/807915820 +++ EINE NETTE FILIALE GIBT ES IN DER ETWAS UNSCHÖNEN SPALDINGSTRASSE 152 +++

PYJAMA PARK

Direkt an der Reeperbahn liegt dieses Hotel und Hostel, das modern und entspannt gehalten ist – und mit einem wirklich freundlichen Personal punktet. DZ wischen 66 und 87 Euro, kein Aufzug, Ohrstöpsel mitbringen, feiern! An Sonntagen und unter der Woche ist meist noch was frei …

+++ REEPERBAHN 36 +++ U3 FELDSTRASSE +++ PYJAMA-PARK.DE +++ 040/314838 +++

6

SCHANZE UND KAROVIERTEL

+++ ERLEBEN +++

SCHANZE UND KAROVIERTEL-->
SCHLUMP
SCHANZE-->
ALTONAER STRASSE
STERNSCHANZE
STERNSCHANZE (MESSE)
MÜNCHEN. GO HOME! 172
KAPITALISTEN-SCHWEINCHEN 168
178
SUSANNENSTRASSE
LAGERSTRASSE
SCHANZENSTRASSE
SCHULTERBLATT UND ROTE FLORA
SCHLACHTHOF-PASSAGE
179
ATELIER UND GALERIE DER SCHLUMPER
FELDSTRASSE

DAS ERLEBNIS sind die zwei Stadtviertel selbst! Es macht Laune, sich tagsüber und nachts durch das Schulterblatt, die Susannen- oder die Schanzenstraße treiben zu lassen. Klar, man muss den abgerockten Charme des ehemaligen Arbeiterviertels mögen. Steinway & Sons waren hier (1880), ebenso Montblanc (1910); ihren Namen erhielt die Sternschanze von einer sternförmigen Bastion, die ab 1682 bis ins 19. Jahrhundert existierte. Nicht zwingend mit Ruhm bekleckert hat sich der politisch engagierte und junge Stadtteil während des G20-Gipfels von 2017 (wofür die meisten der 8.000 Bewohner nichts können).

Die Herzstücke im sich östlich anschließenden Karoviertel, in dem einst der Central-Schlachthof (1892) lag, sind die Schlachthofpassage und die Marktstraße.

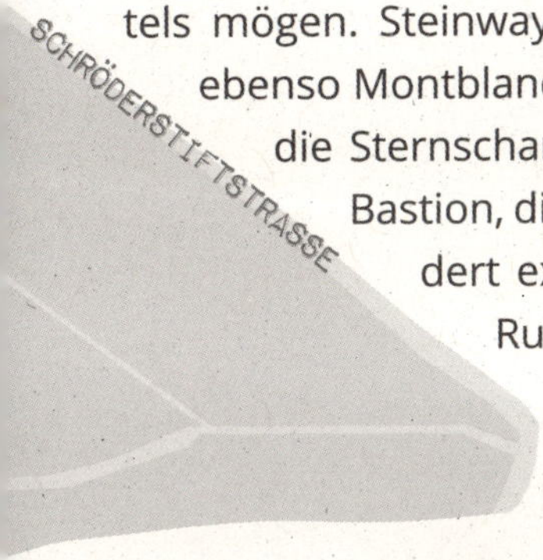

KIRCHE DES HL. JOHANNES VON KRONSTADT

KAPITALISTEN-SCHWEINCHEN

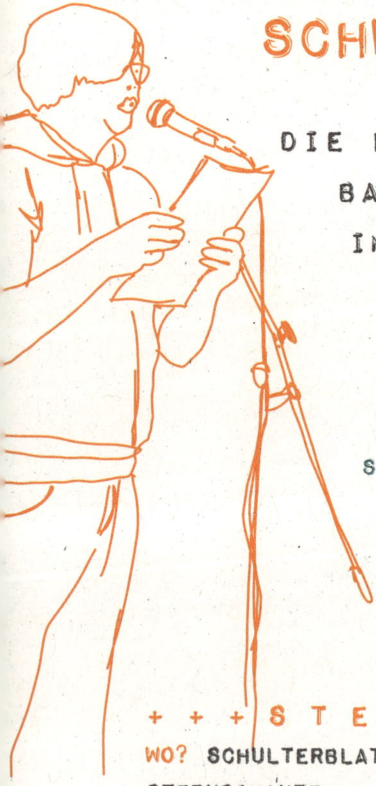

DIE KUNST-GEGEN-BARES-REIHE IM HAUS 73

+ + + STECKBRIEF + + +

WO? SCHULTERBLATT 73 +++ U3 ODER S11/21/31 STERNSCHANZE +++ WANN? VON SEPTEMBER BIS MAI JEDEN DRITTEN MONTAG IM MONAT UM 20 UHR (EINLASS 19.30 UHR). IM SELBEN HAUS KANN MAN AUSSERDEM DAS WELTWEIT ERSTE ZWEISPRACHIGE KOPFHÖRERKINO BESUCHEN, ERLEBT KNEIPENQUIZNÄCHTE, EINEN TATORTKLUB, DJS (HIP-HOP, ELEKTRO) UND SOGAR FUSSBALL-LIVEÜBERTRAGUNGEN +++ DREIUNDSIEBZIG.DE +++ WIE LANGE? ETWA 2,5 STUNDEN +++ WICHTIG! IM MAI FINDET DAS KUNST-GEGEN-BARES-JAHRESFINALE MIT DEN 8 GEWINNERN DER VORHERIGEN MONATE STATT +++ WIE VIEL? 5 EURO +++

»WIR SUCHEN das Kapitalistenschwein des Abends«, sagt Lennart Hamann, der eine Moderation hinlegt, bei der man meinen könnte, er wäre einer der Künstler in dieser Nacht. Für die Auftritte macht er keine Vorgaben. »Selbst wenn man Hühner in die Höhe wirft und mit einem Baseballschläger in die Menge befördert, wäre das nicht in Ordnung, aber zu den Regeln passend.« Danach lenkt er unseren Blick zu einem Designertisch, auf dem acht Sparschweinchen warten. Am Ende der Show werden wir sie mit Münzen und Scheinen füttern. Denn – siehe oben! – gewonnen hat, wer die meiste Kohle für eine siebenminütige Performance einsackt.
Hört sich spannend an? Ist es auch, zumal der minimalistische Saal mitten auf dem Schulterblatt, der Szenestraße der Schanze, gut gefüllt ist – und zwar nicht nur mit bärtigen Hipstern oder jungen BWLern, die Hamann mag, »weil ich sie gut beleidigen kann«.

IM VERGLEICH zu einem Poetry Slam treten bei dieser Reihe auch Singer-Songwriter, Akrobaten, Zauberer oder Rapper auf. Außerdem sind sämtliche Künstler sowie zwei Drittel des Publikums immer neu, verrät Hamann.

Eine Gitarrenspielerin ist die Erste, die um unsere (Geld-) Gunst buhlt. Mich fasziniert ihr Janis-Joplin-artiger Auftritt, »auch wenn ich gerade noch mit meiner Gitarre kämpfe«. Der sympathisch-halbprofessionelle Gig gipfelt in einer Stimme, die mir ein Gänsehautfeeling verursacht. Die zweite Bühnenmeisterin heißt Mariybu, trägt eine Goldkette mit dem Schriftzug »Mariybu« und legt einen derart selbstüberzeugten Hip-Hop-Auftritt hin, wie ich ihn eher von männlichen Vertretern dieser Gattung kenne; mit dem Unterschied, dass sie einen astreinen Anti-Assi-Rap draufhat. Überhaupt die Frauen, sie sind für mich die Mutigeren und Wilderen dieser Nacht – und tun das, was man von Männern schon nicht mehr hören kann: Sie erzählen vom Scheitern, von Sex, von Identität und der ewigen Douglas-Adams-Frage, was das alles eigentlich soll.

Dagegen geraten die Auftritte eines männlichen Pop-Duos und eines Singer-Songwriters im zweiten Teil etwas schmusekatzig und belanglos. Trotzdem werden ihre Schweinchen die bestgenährten. Was sagt das alles über den neuen Feminismus aus? Keine Ahnung.

BEVOR DER SIEGER noch einmal auf die Bühne darf, treibe ich mich kurz auf dem Balkon vor dem Saal herum. Zwischen der leuchtreklamigen Stadtdunkelheit erkenne ich den Skatepark der legendären Roten Flora direkt gegenüber. Dieses linksradikale Gebäude, an dem sich zuletzt der Investor Klausmartin Kretschmer die kapitalistischen Zähne ausbiss, gerät auf der linksliberalen und gentrifizierten Schanze immer wieder in die Kritik – nicht nur am 1. Mai oder wenn gerade ein G20-Gipfel in Hamburg tagt ... Ein freieres Gegenkonzept bietet das Haus 73, wozu auch die Line-up der heutigen Nacht beitrug.

Bei den besten Stellen der kurzweiligen (Kleinkunst-)Auftritte musste ich an einen alten *Titanic*-Cartoon denken. Gott ist darauf als bärtiger alter Mann zu sehen. Er blickt von einer Wolke auf die Erde, sieht die Verwüstungen, die Kriege dort unten, legt seine Stirn in Falten und seufzt: »Nur in der Kunst haben sie mich nicht enttäuscht.«

WENN MAN SCHON MAL HIER IST:

Wer gegen 22.30 Uhr noch etwas trinken mag, könnte für einen Cocktail ins **Chambre Basse**, das »Penthouse im Souterrain«: Di–Sa 19–2/4 Uhr. Im selben Haus kann man auch in die Kreativbierszene »eintauchen«: Im **Galopper des Jahres** ☐ → (tägl. 17–0/1 Uhr) sind 16 Zapfhähne auf z. B. sehr gutes fränkisches Bier geeicht; Gersten-und-Malz-Haltiges der Hamburger Brauereien Kehrwieder, Landgang, Wildwuchs oder Ratsherrn (siehe auch S. 172) gibt es natürlich ebenfalls.

MÜNCHEN, GO HOME!

EINE BIERDEGUSTATION IN DER RATSHERRN BRAUEREI

+++ STECKBRIEF +++

WO? LAGERSTRASSE 30A. TREFFPUNKT IST DER CRAFT BEER STORE, IN DEM MAN SCHON VOR DER FÜHRUNG DURCH 400 SORTEN STÖBERN KANN ... +++ U3 STERNSCHANZE +++ WANN? AN VIELEN TAGEN DER WOCHE UND DANN MEHRMALS TÄGLICH, MEIST ZWISCHEN 12.15/14.15 UND CA. 18 UHR. MONTAGS SELTEN! +++ RATSHERRN.DE +++ WICHTIG! ETWA 10 MINUTEN VORHER DA SEIN! DIE TANKS IN DER BRAUEREI BITTE NICHT ANFASSEN! SIE SIND SO HEISS, DASS MAN SICH SONST VERBRENNT +++ WIE LANGE? ENTWEDER 60 ODER 105 MINUTEN +++ WIE VIEL? 14.50 EURO FÜR DIE 60-MINÜTIGE FÜHRUNG (3 BIERE) UND 26.90 EURO FÜR DIE 105-MINÜTIGE VARIANTE (5 BIERE) +++

»WENN IHR EUCH in einem Münchner Biergarten mal so richtig Freunde machen wollt«, plaudert unsere pfiffige Bier-Begleiterin Claudia, »sagt den Bayern, dass die Hamburger das Weißbier eingeführt haben!« Durch die Hanse gelangte das Rezept nämlich von den Belgiern in die Handelsstadt und erst dann nach Süden. »Sagt auch gleich, dass das Hamburger Bier bereits damals besser war und höhere Handelspreise erzielt hat.« Da sind wir bereits beim zweiten Gang – einem nach Karamell schmeckendem Red Ale – und haben schon so einiges über die weltweite Biergeschichte und die spezielle der Seefahrerstadt erfahren. Kleine Kostprobe? Während das Bierbrauen mindestens 12.500 Jahre alt ist (in einer Höhle in Israel fand man Hinweise auf ein bierähnliches Getränk), stellen die Hamburger den vergorenen Gerstensaft seit etwa 1.000 Jahren her. Dabei weiß man, dass die Städter und ihre Kinder (!) seinerzeit einige Liter Bier pro Tag tranken.

OBWOHL JENER BIERSUD um die 2,5 Prozent Alkohol hatte, war er gesünder als das verdreckte Elbwasser, da der Brauprozess bis zu 95 Prozent der Bakterien tötete. »Der Grund, warum das Mittelalter so lange gedauert hat, ist ganz einfach: Die Leute waren alle auf einem Dauerpegel.« Drittes Bier. Ein 6,3-prozentiges fruchtig-bitteres Pale Ale, ein Kolonialbier der Engländer namens *Coast Guard*. Es hat mit 61 Bittereinheiten die meisten und harmoniert sehr gut mit scharfem Essen. Apropos IBU (= International Bitterness Unit): »Ab etwa 130 Bittereinheiten schmeckt man den Unterschied nicht mehr.« Da verhält es sich wie mit der Schärfe von Chilischoten. »Trotzdem haben die Dänen ein Bier mit 1.000 IBUs hergestellt.«

Wir sitzen, wir trinken, wir bekommen Anekdoten erzählt, die »zu 80 Prozent stimmen« (keine Sorge, alle in diesem Artikel habe ich nachgeprüft!). Dazwischen flanieren wir durch die Brauerei, riechen an Weizen-, Räucher- und Röstmalz oder erfahren, dass Hopfen eine riesige Geschmacksklaviatur anbietet: von Himbeere bis Eiskristall-Bonbons. »Nur die Fernsehbiere können das nicht, weil die Großbrauereien den billigsten Rohstoff kaufen.« Daneben filtern sie Trübstoffe aus dem Bier, indem sie ein Plastikgranulat hinzusetzen, das man nicht mehr komplett entfernt kriegt …

VIERTES BIER. Der *Pfeffersack*, der ein wenig orientalisch und ziemlich gewürzbetont nach Weihnachten schmeckt. Nicht mein Fall. Dafür geht es jetzt um die Absurdität des Reinheitsgebotes (siehe oben), das eigentlich ein »Anti-Weizen-Gebot« war, weil die Menschen des Hochmittelalters vor lauter Bierbrauen manchmal das Brotbacken vergaßen. Ich lehne mich zurück und denke: Das Ganze hat etwas von einer charmanten, sanft alkoholisierten Werbeveranstaltung. Eine Butterfahrt für Bierliebhaber. Einmal mahnt Claudia zur Ruhe. »Ihr haltet euch gut!«, sagt sie augenzwinkernd. »Nach dem dritten wird es schon immer schlimm bei den Führungen.«
Fünftes Bier. Ein *Baltic Porter*. Ein Schlummertrunk, 6,6 Prozent. Der Korb mit dem selbst gebackenen Treberbrot ist längst leer. Wir hören noch viel, und nichts davon langweilt mich. Etwa, dass Bier zwischen 10 und 14 Grad die perfekte Temperatur hat und in grünen Flaschen schon nach 4 bis 8 Stunden seinen Geschmack verändert. Doch wieso verkosten wir denn kein Pils? »Kennt doch jeder«, meint Claudia. »Es existieren 175 andere Bierstile.« Zu Zeiten der Hanse, denke ich, war Hamburg ein Bierzentrum in Europa. Heute ist es das wieder – in der Kreativbierszene, weit, weit vor München …

WENN MAN SCHON MAL HIER IST:

Da man nicht fünf 0,5-Liter-Biere vertilgt, sondern wesentlich kleinere Mengen zu sich nimmt, könnte man seine Bierreise fortsetzen und international gestalten: in der angegliederten Brauereischänke **Altes Mädchen** ⇨ mit ihren 30 Zapfhähnen und 70 Flaschenbieren: Lagerstraße 28b, Mo–Sa 12 bis mindestens 22 Uhr. Der **Craft Beer Store** nebenan hat bis 20 Uhr auf.

ST.MAUSI
KALLEKRASS.DE
Kein Gott! Kein Staat! Kein Kirchentag!
Aufs Maul!
ART OF RAP
DIE NERVEN
FUCKT
TAKEN BY SURPRISE
SUPRA

WENN MAN SCHON MAL IN DER SCHANZE UND IM KAROVIERTEL IST

+++ SEHEN +++

+++ ESSEN +++

+++ AUSGEHEN +++

+++ SHOPPEN +++

+++ SCHLAFEN +++

SEHEN

□ ↑

SCHULTERBLATT UND ROTE FLORA

Die Sternschanze ist nicht gerade für ihre Sehenswürdigkeiten-Dichte berühmt. Dafür zeigt die Straße, die nach dem Schulterblatt eines Wals benannt ist (es wies um 1700 auf ein Wirtshaus hin), die Gegensätzlichkeit des kleinsten Hamburger Stadtteils. Man trifft auf Hipster, Medienkreative, einige sündhaft teure Schlitten am Straßenrand und Aussteiger, die meist vor der **Roten Flora** abhängen. Das seit 1989 selbstverwaltete und linksautonome Zentrum mit seinem Skatepark und der Kletterwand im Hinterhof war zu Beginn des 20. Jahrhunderts ein deutschlandweit bekanntes Varieté-Theater. Heute ist das Schulterblatt von Kneipen und Cafés gesäumt und gilt augenzwinkernd als »Latte-macchiato-Strich«.

+++ U3 OD. S11 STERNSCHANZE +++ ROTE-FLORA.DE +++ SEHR GUT SITZEN UND GENIESSEN KANN MAN IM HERR MAX (SIEHE S. 181). NACHTS EMPFEHLE ICH DAS HAUS 73 (SIEHE S. 168) +++

KIRCHE DES HL. JOHANNES VON KRONSTADT

Die russisch-orthodoxe Kirche im kleinen Karolinenviertel kann sich architektonisch sehen lassen. Der neoromanische Bau von 1907 entspricht dem Typ georgischer Kirchen, der Innenraum ist mit kultischen Goldgegenständen und zahlreichen Ikonen ausgestattet. Benannt wurde das Gotteshaus nach dem hl. Johannes von Kronstadt (1829–1909). Dabei handelt es sich um einen in ganz Russland bekannten Prediger, dem Wunderheilungen (für die »Sekretärinnen« die geeigneten Kandidaten aussuchten) zugeschrieben werden und der beinahe wie ein Rockstar verehrt wurde.

+++ TSCHAIKOWSKYPLATZ 1 +++ U2 MESSEHALLEN +++ HAMBURG-HRAM.DE/DE +++ TÄGL. 10–15 UHR +++

ATELIER UND GALERIE DER SCHLUMPER

1980, in einer Zeit, als die Chancengleichheit Benachteiligter noch nicht wirklich entwickelt war, hatte Rolf Laute (1940–2013) eine Idee. Er gründete eine Ateliergemeinschaft mit Künstlern, die geistige und körperliche Beeinträchtigungen hatten – und als »werkstattunfähig« abgestempelt waren. Heute gelten viele Werke der »Schlumper« als moderne Gegenwartskunst und wurden bereits in der Kunsthalle (siehe S. 91) ausgestellt.

+++ NEUER KAMP 30 (ATELIER) UND MARKTSTR. 131 (GALERIE) +++ U2 MESSEHALLEN +++ SCHLUMPER.DE +++ DAS ATELIER HAT SA 11–17 UHR UND NACH VEREINBARUNG GEÖFFNET: 040/43254270. DIE GALERIE: MI–FR 16–19, SA 11–17, SO 11–14 UHR +++

NIL

Ein sehr gutes Slow-Food-Lokal, das in St. Pauli liegt, doch von der Schanze einfacher zu erreichen ist. Das kleine Menü gibt es zu ca. 35 Euro, das größere für 10 Euro mehr.

+++ NEUER PFERDEMARKT 5 +++ U3 FELDSTRASSE +++ RESTAURANT-NIL.DE +++ 040/4397823 +++ TÄGL. 18-0 UHR, FR-SO AB 17.30 UHR +++

VIENNA

Ein original Einheimischen-Tipp ist dieses österreichische Lokal mit seinen speziellen Collagen an der Wand. Die exquisiten Speisen um 20 Euro haben auch französische, italienische und deutsche Einflüsse.

+++ FETTSTR. 2 +++ U3/S11 STERNSCHANZE +++ VIENNA-HAMBURG.DE +++ 040/4399182 +++ DI-SO 17.30-1 UHR, KÜCHE 19-23 UHR +++ NUR EC-, KEINE KREDITKARTEN! +++

HAPPENPAPPEN

Ein Traum für Veganer und alle, die skeptisch sind! Das lässig eingerichtete »Wohnzimmer« bietet z. B. wechselnde Mittagsgerichte bis 16 Uhr oder vegane Burger ab 18 Uhr.

+++ FELDSTR. 36 +++ U3 FELDSTRASSE +++ HAPPENPAPPEN.DE +++ DI-FR 12-22 UHR, SA 10-22 UHR, SO 10-17 UHR +++ KEINE RESERVIERUNGEN! +++

ERIKA'S ECK

Das gegenteilige Konzept lebt in dieser Kult-Gaststätte auf: Fleisch in all seinen Varianten. Ziemlich günstig – und geöffnet zu eigentlich unmöglichen Uhrzeiten.

+++ STERNSTR. 98 +++ U3/S11 STERNSCHANZE +++ WWW.ERIKAS-ECK.DE +++ 040/433545 +++ TÄGL. 17-14 UHR (!), SA/SO/FEI »NUR« BIS 9 UHR +++

PAULINE

Hier bekommt man den besten Brunch Hamburgs. Leider kennen diesen Sonntagstipp (10–12.15 und 12.30–15 Uhr, ca. 20 Euro) viele, weshalb man zwingend reservieren sollte – auch während der Woche.

+++ NEUER PFERDEMARKT 3 +++ U3 FELDSTRASSE +++ PAULINE-HAMBURG.DE +++ 040/41359964 +++ MO-FR 8.30-16.30 UHR, SA 9-18 UHR, SO 10-18 UHR +++

HERR MAX

Wenn das Pauline ausgebucht ist, findet man oft noch Platz im einstigen Milchgeschäft mit seinen Kacheln von 1905. Sehr guter Kuchen, sehr guter Kaffee!

+++ SCHULTERBLATT 12 +++ U3 FELDSTRASSE +++ HERRMAX.DE +++ 040/69219951 +++ TÄGL. 9-21 UHR +++

AUSGEHEN

KNUST

In diesem legendären Musikschuppen, der schon zweimal als bester Liveclub der Republik ausgezeichnet wurde, spielten *R.E.M.* ihre ersten Deutschland-Konzerte! Nach wie vor treten nahezu täglich Bands auf, und die alljährliche »Dilettanten-Gala« (dilettanten-gala.de) im Januar ist ein großer Spaß.

+++ NEUER KAMP 30 +++ U3 FELDSTRASSE +++ KNUSTHAMBURG.DE +++

LE FONQUE

Funk, Soul, Boogie, Disco und Jazz sind die Musiken, die die DJs von ihren Plattentellern ab 21 oder 22 Uhr in den intimen Club feuern – und zwar täglich. Kleiner Nachteil: Man ist Nikotin nicht abgeneigt.

+++ JULIUSSTR. 33 +++ U3/S11 STERNSCHANZE +++ FONQUE.DE +++

ZOË 2

Auch wenn man das gar nicht will: Hier erlebt man Erst-Dater beim ersten Kuss. Die reichlich hormongeschwängerte Atmosphäre wird von den Sofas aus Omazeiten sehr lässig ausgeglichen, weshalb man bei einem Drink oder Cocktail entspannen kann.

+++ NEUER PFERDEMARKT 17 PLUS ABLEGER IN NR. 19 (ZOË III) +++ U3 FELDSTRASSE +++ ZOEBAR.DE +++

KINO 3001

Passend zur alternativen Schanze geht es in diesem Kino um anspruchsvolle Filme und Dokus abseits des Mainstreams. Dabei werden die Streifen zu politischem Widerstand oder Identitätssuche in Originalfassung mit Untertiteln gezeigt.

+++ SCHANZENSTR. 75 (HOF) +++ U3/S11 STERNSCHANZE +++ 3001-KINO.DE +++ DER EINTRITT LIEGT UNTER 10 EURO. DIE KINDERFILME AM WOCHENENDE SIND MIT GERADE MAL 4 EURO SUPERGÜNSTIG +++

SHOPPEN

STERNBRÜCKEN-NACHTFLOHMARKT

Da die samstägliche Flohschanze (8–16 Uhr) rund um die alte Rinderschlachthalle (Neuer Kamp 30) mit ihren vielen Profis ziemlich nachgelassen hat, empfehle ich den Sternbrücken-Nachtflohmarkt jeden 1. Mittwoch von September bis April ab 19 Uhr.

+++ ECKE STRESEMANNSTR./MAX-BRAUER-ALLEE +++ U3/S11 STERNSCHANZE +++ FUNDBUREAU.DE (»NACHTFLOHMARKT«) +++

⟵☐ MARKTSTRASSE

Die Marktstraße ist ein kleines Einkaufsparadies im Karolinenquartier. Nur zwei der liebevoll gemachten Geschäfte sollen genannt sein: Im Hot Dogs (Nr. 38, Mo–Sa 10.30–19 Uhr) bekommt man originalverpackte (!) Vintage-Klamotten von den 70ern bis 90ern. Im Lockengelöt (Nr. 114, Mo/Di 11–15 Uhr, Mi–Fr bis 19 Uhr, Sa bis 18 Uhr, lockengeloet.com) ist Upcycling das große Thema.

+++ U3 FELDSTRASSE +++

SCHLAFEN

PYJAMA PARK SCHANZENVIERTEL

Das im hippen Urban-Style designte Hotel und Hostel in einer ruhigeren Seitenstraße der Schanze bietet immer wieder DZ zu realistischen 110 Euro an. Wesentlich günstiger ist mit etwas Vorlauf ein »Parkplatz« im 6er- oder 8er-Dorm zu gerade mal 22,50 Euro (teilweise sogar mit Zimmerbad). Übernachtungsgäste können morgens bis 11.30 Uhr für 9 Euro im benachbarten Jill zwischen 4 Frühstücksoptionen wählen, darunter ein Kater- und ein veganes Breakfast.

+++ BARTELSSTR. 12 +++ U3/S11 STERNSCHANZE +++ PYJAMA-PARK.DE +++ 040/38078142 +++

INSTANT SLEEP

In diesem Backpacker-Hostel existieren 4-Bett- bis 12-Bett-Zimmer, aber auch Privatzimmer für 1 oder 2 Personen – und zwar 3 Gehminuten von der Roten Flora (siehe S. 178) entfernt. Dabei ist es wie überall: Wer für Sonntag bucht, zahlt bisweilen 10 (!) Euro im 12er-Dorm und fürs DZ oftmals nur 55 Euro. An Freitagen und Samstagen ist es meist doppelt so viel, und man muss für 2 Nächte buchen. Free coffee and tea!

+++ MAX-BRAUER-ALLEE 277 +++ U3/S11 STERNSCHANZE +++ INSTANTSLEEP.COM +++ 040/43180180 +++

COSCO
SHIPPING

7

ALTONA UND DIE ELBE

+++ ERLEBEN +++

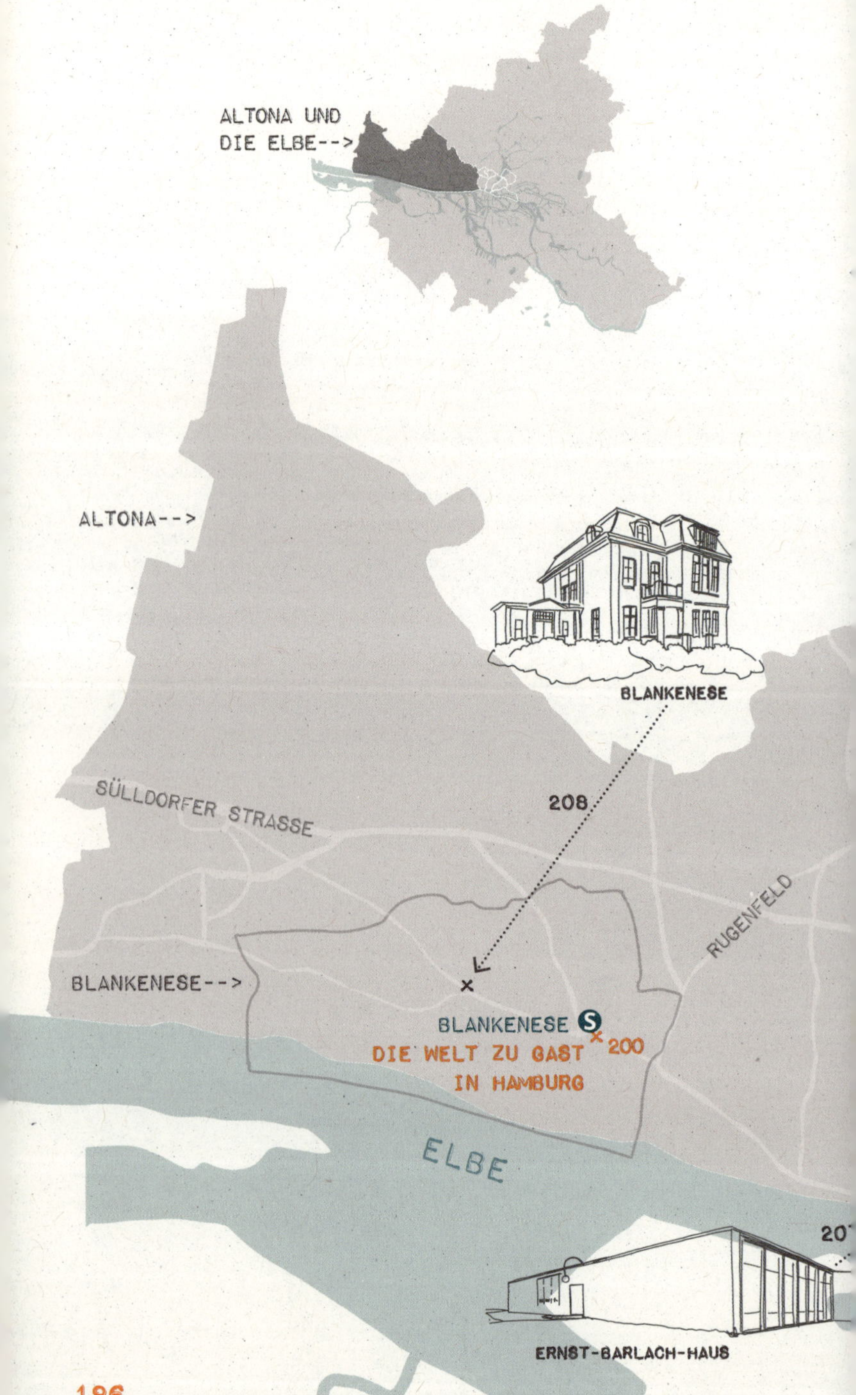
ALTONA UND
DIE ELBE-->
ALTONA-->
BLANKENESE
208
SÜLLDORFER STRASSE
RUGENFELD
BLANKENESE-->
BLANKENESE
DIE WELT ZU GAST
IN HAMBURG
200
ELBE
ERNST-BARLACH-HAUS

ALTONA WAR den Hamburgern lange »all to nah«, weswegen es in düsterer Nazizeit »endlich« einkassiert wurde (siehe S. 215). Zuvor hatten es die Stadtoberen im 17. Jahrhundert dreimal verpasst, die nebenan liegende Stadt von den Dänen zu kaufen – und sie so nicht als nahen Konkurrenten in der Fischindustrie zu haben. Ein Fehler: Zu Beginn des 19. Jahrhunderts übertraf die Handelsflotte der Altonaer die der Nachbarstädter …

Heute erstreckt sich Hamburg weit in westlicher Richtung. Wobei sich die Elbvororte bis Blankenese und darüber hinaus sehr elegant an den großen Fluss schmiegen und man sie wunderbar mit dem Rad oder zu Fuß erreichen kann (siehe S. 195). Neben Altona-Altstadt ist Ottensen als sehr liebevoll gemachter Stadtteil eigentlich ein Muss.

IM HAUS DER EWIGKEIT

EINE FÜHRUNG ÜBER DEN ÄLTESTEN JÜDISCHEN FRIEDHOF HAMBURGS

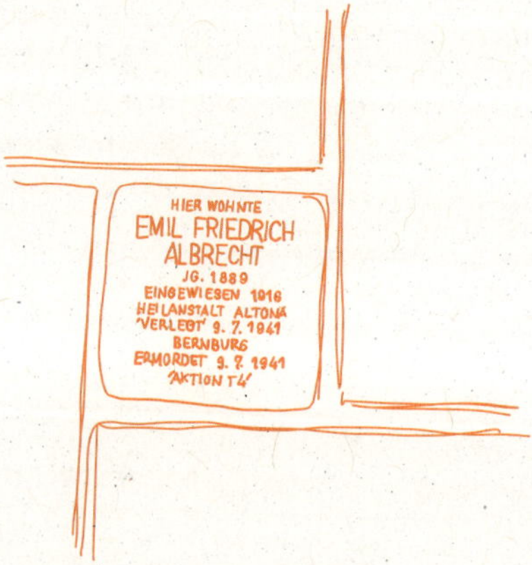

+ + + STECKBRIEF + + +

WO? KÖNIGSTRASSE 10A (BESUCHERZENTRUM EDUARD-DUCKESZ-HAUS) +++ S1/2/3 REEPERBAHN OD. KÖNIGSTRASSE +++ WANN? SONNTAG UM 12 UHR. AUSSER AN JÜDISCHEN UND GESETZLICHEN FEIERTAGEN SOWIE AM OSTER- UND PFINGSTSONNTAG. IN DEN WINTERFERIEN ODER BEI SEHR SCHLECHTEM WETTER. WER OHNE FÜHRUNG ÜBER DEN FRIEDHOF GEHEN MAG: APRIL–SEPTEMBER DI/DO 15–18 UHR UND SO 14–17 UHR SOWIE OKTOBER–MÄRZ DI/DO/SO 14–17 UHR +++ JÜDISCHER-FRIEDHOF-ALTONA.DE +++ WIE LANGE? 90 MINUTEN +++ WIE VIEL? TICKET 5 EURO. KEINE ANMELDUNG NÖTIG +++ WICHTIG! MÄNNER SOLLTEN EINE KOPFBEDECKUNG MITBRINGEN. WOBEI AUCH KIPPOT GESTELLT WERDEN. VORNE KLINGELN! +++

KURZ NACHDEM ICH aus dem Auto gestiegen bin, »stolpere« ich. Über einen *Stolperstein*. Ich lese von Emil Friedrich Albrecht, der dem Euthanasieprogramm der Nationalsozialisten zum Opfer fiel; am 9. Juli 1941. Seltsam, denke ich. Ist jüdische Geschichte immer auch Nazigeschichte? Selbst dann, wenn der Ermordete gar kein Jude war – weil man unweigerlich an den Holocaust denkt? Oder ist das die Sicht eines Deutschen, meine Sicht, auch wenn ich lange nach den Jahren der Barbarei geboren wurde?

Der jüdische Friedhof Altona, den ich wenig später erreiche, hat etwas von einer Festung und einem lichten Park, den ich durch die Gitterstäbe erspähe. Er liegt im »Niemandsland« zwischen der vogelwilden Reeperbahn und den Prachtbauten von Altona-Altstadt, stammt von 1611, beherbergt etwa 7.600 Grabsteine und wird immer wieder als UNESCO-Welterbe ins Spiel gebracht. Ich muss klingeln, um reinzukommen.

»DASS DIE GRABSTEINE heute so gut erfasst sind, hängt mit der perfiden Logik der Rassenkundler zusammen«, erklärt die engagierte Historikerin, die uns über den Friedhof führt. »Man versuchte, durch genealogische Forschungen in den 40er-Jahren an Juden zu kommen, von denen man noch nichts wusste.« Dokumente, die einem jetzt – späte Rache der Geschichte – bei der Rekonstruktion helfen.

Unter Vogelgezwitscher laufen wir zwischen frischgrünen Bäumen zu den ersten Gräbern. Man wird ruhig in Anwesenheit der uralten Toten; vielleicht besonders im Frühling. »Nach jüdischer Überlieferung«, führt die Forscherin aus, »sollen die verwitterten Steine dastehen, bis der Messias kommt.« Wir erfahren viel über jüdische Riten und erhalten eine kleine Grabsteinkunde. So steht der Todes- vor dem Geburtstag, wobei keine Ziffern zu sehen sind; jeder Buchstabe hat einen numerischen Wert. Immer wieder bin ich irritiert, wenn die Fachfrau von rechts nach links liest. »Kinder bekamen erst ab 13 Jahren einen Stein«, sagt sie, »das wäre sonst bei der hohen Kindersterblichkeit nicht zu machen gewesen.« Die geschichtlich sehr fitten Zuhörer stellen Fragen. Zum Beispiel zum fehlenden Blumenschmuck. Im Vergleich zum Christentum würden Blumen die Toten beschämen. Deshalb liegen auf manchen der schiefen und nach Jerusalem ausgerichteten Sandsteingräber kleine Steinhäufchen: als Symbole der Unverwüstlichkeit.

WIR GEHEN DURCH eng gedrängte Grabreihen und wissen, dass die Toten teilweise nur in Tüchern in unterschiedlichen Tiefen liegen. Man lernt hier einen natürlichen Umgang mit der Vergänglichkeit. An einigen Stellen muss ich aufpassen, um nicht auf liegende Grabsteine zu steigen, die noch nicht zugeordnet werden konnten. »Obwohl alle Juden nach dem Tod gleich sind, gibt es Steine mit einer erhabenen Schrift, die teurer ist als die eingemeißelte.« Eines dieser herausragenden Gräber, die wir jetzt erreichen, gehört Fromet Mendelssohn, Frau des einschlägig bekannten Philosophen, der mit Lessing befreundet war.
Dann zieht es uns in den zweiten Abschnitt des Friedhofs, den der sephardischen Portugiesen. Aufgrund ihrer Handelsbeziehungen besaßen sie aufwendige Zeltgräber und konnten sich sogar Marmor aus Carrara leisten. Obgleich sie gut integriert waren und Altona ein Zentrum der mitteleuropäischen Juden im 18. Jahrhundert darstellte, gab es Reibereien. »Weil manche Beerdigungen sonntags stattfanden, dem Ruhetag der Christen.« – Da ist sie wieder, die deutsche Geschichte, die während der Führung unbewusst mitläuft. Trotzdem, wer diese Begehung mitmacht, wird sehen, wie die jüdische aus ihrem Schatten tritt. Stark und eigensinnig. Sie selbst.

WENN MAN SCHON MAL HIER IST:
Eine Skurrilität ist der **jüdische Friedhof** im 2 Kilometer entfernten **Ottensen** (siehe S. 208) ⊐→, der sich in einem Supermarkt befindet: Ottenser Hauptstr. 10, Mo–Mi/Sa 10–20 Uhr, Do/Fr bis 21 Uhr, S1/3 Altona. Der **größte Parkfriedhof des Planeten** (siehe S. 220) liegt ebenfalls in Hamburg.

DER SOUND DER STADT

FRÜHSTÜCKEN AM ELBSTRAND

+++ STECKBRIEF +++

WO? ÖVELGÖNNE (AM ENDE DER STRASSE NEUMÜHLEN) +++ VON DEN LANDUNGSBRÜCKEN FÄHRT BUS 112 ZU NEUMÜHLEN/ÖVELGÖNNE. NOCH STILVOLLER IST ES, VON BRÜCKE 3 MIT DER HAFENFÄHRE 62 DORTHIN ZU SCHIPPERN +++ WANN? TÄGLICH +++ OEVELGOENNE.NET +++ WIE LANGE? 30 MINUTEN BIS 1 STUNDE +++ WIE VIEL? HÖCHSTENS EIN HEISSGETRÄNK ODER EIN KLEINES FRÜHSTÜCK BEI EINEM DER BEIDEN STRANDCAFÉS. DER STRAND IST FREI ZUGÄNGLICH. DESHALB KANN MAN AUCH SELBST EINE DECKE UND GETRÄNKE MITBRINGEN ... +++

ÖVELGÖNNE WAR BIS 1938 ein sehr kleiner Stadtteil in Altona – und ist bis heute ein noch kleinerer Asphaltpfad oberhalb des Elbstrandes. Auf dem Weg zum Stadtstrand, dorthin, wo Elbe und Sand zusammenkommen, müssen wir uns hinter eine kleine Hecke zwängen: damit die Müllabfuhr durchkommt. Danach helfe ich einem Postangestellten, sein Postfahrrad umzudrehen. Ich wiederhole es gerne: Alles ganz schön klein hier – und dabei liebevoll und gekonnt in Szene gesetzt. Kein Wunder, dass in einem dieser ehemaligen Kapitäns- und Lotsenhäuschen der überaus gewitzte Peter Rühmkorf lebte. In einer Mansardenwohnung, von der er die ein- und auslaufenden Schiffe sehen konnte. *Paradiesvogelschiß* hieß sein letztes Buch. Der Titel könnte auch eine Beschreibung von Övelgönne sein: klein, lebensnah, unerhört paradiesisch.

NORMALERWEISE besucht man den Elbstrand nachts. In lauen Sommernächten wird hier gegrillt, gekickt, gefläzt und geknutscht. Manchmal springt einer in die Elbe, was ich nur sehr erfahrenen Schwimmern raten würde; niemals Kindern! Der Fluss, der diese Stadt mit ausmacht, ist nicht der sauberste und hat eine lebensgefährliche Unterströmung. Am Tag sieht man Sonnenschirme. Dann, wenn der Frühling beginnt oder die Jahreszeit schon in den Herbst hineinragt, der auch im wetterwendischen Hamburg sanft sein kann. Am Elbufer beginnen und enden Spielfilme, genau wie die echten Liebes- und Lebensgeschichten. Das Beste: Vormittags ist meist wenig los, zumindest während der Woche. Sind ja alle auf Arbeit in der kapitalstarken Handelsstadt!

Wir steuern einen der beiden »Beachclubs« an und genießen ein kleines Frühstück. Hunde jagen Krähen, Menschen flanieren durch den Sand, und die Brandung schlägt an, wenn Schiffe vorüberziehen. Auf der gegenüberliegenden Elbseite befindet sich der Athabaskakai, wo immer irgendwelche Containerschiffe be- oder entladen werden. Der Horizont ist von großen Stahltieren gezeichnet, die ihre giraffenartigen Hälse zeigen. Keine andere Metropole hat ihre Kaikanten so selbstverständlich ins Stadtbild eingebaut.

EIN BRUMMEN UND VIBRIEREN liegt in der Luft, wenn einer der dicken Pötte durch die enge Fahrrinne stampft. Das ist der Sound von Hamburg, der einem hilft, die eigenen Gedanken ziehen zu lassen und sich vorzustellen, wie es in einem der Schiffe wäre, würde man damit aufbrechen – zu einem anderen Kontinent oder sonst wohin …

Einmal habe ich hier über den seltsamen Namen der kleinen Siedlung nachgegrübelt und es hinterher nachgelesen: »Övelgönne« (= »übel gegönnt«) könnte vom Neid der Altonaer herrühren, die weiter oben oder im Hinterland lebten. Das angeschwemmte Strandgut war in den Mangelgesellschaften früherer Zeiten beliebt. Der »Athabaskakai« bekam seine Bezeichnung durch einen gerammten und auf Grund gelaufenen Schraubendampfer. Er war nach einem kanadischen Fluss benannt, dem »Athabasca«.

Es ist 11 Uhr, wir schlürfen unsere Kaffees leer, ziehen die Schuhe aus und laufen durch den Sand zurück in die Asphaltwelt. Spannend wird sein, was heute an geistigem Strandgut hängen blieb! Es sind ja nicht nur die riesigen Frachter, die Hamburg unverwechselbar machen, hier unten, an einem Vormittag an der Wasserkante.

WENN MAN SCHON MAL HIER IST:

Ein **Spaziergang an der Elbe** □→ hat was! Nach etwa 30 Minuten (westliche Richtung) gelangt man zum kunstvoll gestalteten **Jenischpark** mit seinen alten Bäumen und Blickachsen, wo auch das herausragende **Barlach-Haus** (siehe S. 207) steht. Für gerade einmal 3,30 Euro schippert man mit dem »Bus auf der Elbe« ab Teufelsbrück (Fähre 64, dann 62) zu den Landungsbrücken zurück. Wer lieber weiterläuft oder -radelt, erreicht **Blankenese** (siehe S. 208).

DER RIESENKAUGUMMI AM HAKEN

DIE SCHAUPRODUKTIONEN IM BONSCHELADEN

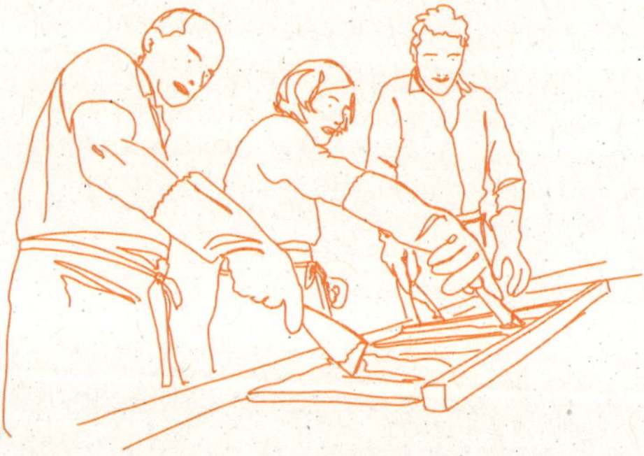

+ + + + S T E C K B R I E F + + +

WO? FRIEDENSALLEE 12 +++ S1/11 HAMBURG-ALTONA, DANN EINE STATION MIT BUS 37 (»FRIEDENSALLEE«) ODER 8 MINUTEN ZU FUSS VIA OTTENSER HAUPTSTRASSE UND BAHRENFELDER STRASSE +++ WANN? DIE SCHAUPRODUKTIONEN FINDEN VON DIENSTAG BIS FREITAG JEWEILS UM 16.15 UHR UND AM SAMSTAG UM 14.30 UHR STATT. DER LADEN HAT DIESE ÖFFNUNGSZEITEN: DI–FR 11–18.30 UHR, SA BIS 16 UHR +++ BONSCHELADEN.DE +++ WIE LANGE? ETWA 30 BIS 50 MINUTEN +++ WICHTIG! WENN DIE LUFTFEUCHTIGKEIT SEHR HOCH IST (SCHWÜLE WITTERUNG, WARME REGENTAGE), FALLEN DIE KLEINEN SHOWS LEIDER AUS, WEIL DIE BONBONS ZU SCHNELL KLEBRIG WERDEN +++ WIE VIEL? EINTRITT FREI! DOCH MAN KANN NICHT ANDERS, ALS MINDESTENS EIN BONBONTÜTCHEN MITZUNEHMEN ... +++

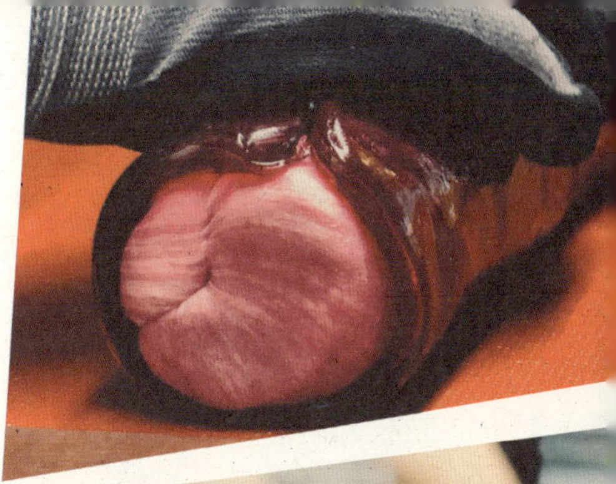

AN DIESEM SAMSTAGNACHMITTAG herrscht schon eine Viertelstunde zuvor leichter Andrang. Vor einer halbhohen Glasscheibe, die schützt, aber nicht abweisend wirkt, warten Kinder und ihre Eltern. Dahinter steht Uwe Sponnagel. Der Gründer des Lädchens, das mich an einen Kaufmannsladen aus meiner Kindheit erinnert, hat starke Gummihandschuhe angelegt. Die Temperatur der Wärmeplatte hinter der Glasscheibe beträgt 80 Grad. »Da kann man Eier braten«, sagt er und erklärt, wie wichtig die Hitze für die gallertartige Zucker-und-Sirup-Masse ist, die er knetet und mit einer großen Schere zerschneidet. Einige Minuten vorher hat er sie mit Bio-Aroma und Zitronensäure versehen und gekocht.

»Wie entstehen eigentlich Bonbons?« war die Ausgangsfrage für meine Kinder und mich gewesen, nach Ottensen in die Friedensallee zu pilgern. Wir haben einen guten Platz ergattert und schauen zu.

HINTER SPONNAGEL sind zwei Bonschemacherinnen mit neuen Zuckerteppichen beschäftigt. Die zusammengefalteten Massen sehen aus wie dicke Plastikplanen. Eine erinnert an einen verkohlten Pfannkuchen: »Das macht das Schwarze-Johannisbeer-Aroma!« Sponnagel zieht ihn immer wieder über einen großen Wandhaken: »So wird Luft in die Masse gearbeitet. Sogar die Farbe verändert sich.« Es wirkt, als würde ein Riesenkaugummi mehrmals durchgewalkt. Einer der Zuschauer blickt einen anderen an und sagt: »Da brauchst du nicht mehr in die Muckibude!« Tatsache, es ist auch eine körperliche Anstrengung, Bonbons herzustellen!

Danach geht es schnell, damit die Zuckerteige nicht kalt werden. Sponnagel rollt sie ineinander, und zwar so, dass ein Anker sichtbar wird, den ein roter, warmer »Pudding« umschlingt. Dann zieht er an der Rolle, macht sie dünn – und hackt. Sonderlich viele Erklärungen gibt er nicht mehr ab, denn jetzt ist Konzentration gefragt. Sonst werden die Bonbons zu schief und krumm … Wenn alles klappt, entsteht aus dem »zusammengerollten Teppich« eine Bonbonschlange von sage und schreibe 80 Metern! Das sind umgerechnet etwa 12 Kilo »Bonsche«, wie Bonbons in Norddeutschland gern genannt werden.

ZULETZT ERFOLGT eine Qualitätskontrolle durch die Kinder, bei der die Erwachsenen ebenfalls etwas abbekommen. Mein Fazit: Es schmeckt warm, frisch und sehr lecker. Ganz anders als die Bonbons aus dem Supermarkt (die meist einzeln in Plastik verpackt sind)! Die Kinder genießen und sagen nichts. Ein gutes Zeichen, wie ich finde.

Im Laden gibt es mehr als 70 Bonschesorten. Sie sind nach selbst kreierten Rezepten entstanden, manche haben sogar ein Chili-, Pfeffer- oder Salz-Aroma. Gearbeitet wird mit Bio-Sirup und Bio-Zucker. Die »Hamburger Hafenbonsche«, deren Herstellung gerade noch in uns nachwirkt, sind mit Abstand die beliebtesten. Ich finde die wilderen Sorten mit roter Grütze oder Mokkaextrakt (Achtung, Koffein!) noch einen Ticken spannender. Die Motive sind ähnlich gewitzt: Selbst ein Segelschiff und die Elphi findet man.

Bevor wir den Laden verlassen, schaut mich der Achtjährige an: »Papa, es war keine Sekunde langweilig!« Sein vierjähriger Bruder nickt und deutet vielsagend auf die Kaufmannsgefäße hinter uns. Klar, dass wir zu den kleinen Handschaufeln greifen …

WENN MAN SCHON MAL HIER IST:

Das sehr kinderfreundliche **Ottensen** (siehe S. 208) ist ein Erlebnis für sich. Dabei lohnen sich besonders die Straßenzüge um den **Alma-Wartenberg-Platz** □→, benannt nach einer Frauenrechtlerin, die sich im Kaiserreich für Kondome einsetzte. Einen richtig guten Kaffee bekommt man im **Jö Makrönchen** (siehe S. 211), ein skurriles Einkaufserlebnis ist in **Hamburgs kleinstem Kaufhaus** (siehe S. 210) garantiert.

DIE WELT ZU GAST IN HAMBURG

EIN GREET IN BLANKENESE

+ + + STECKBRIEF + + +

WO? S-BAHNHOF BLANKENESE (VOR DEM EINGANG VON STARBUCKS) +++ S1/11 BLANKENESE +++ WANN? AUF NACHFRAGE. AM BESTEN, MAN SCHREIBT 14 TAGE VORHER EINE MAIL, WOBEI AUCH SPONTANERE TEILNAHMEN IMMER WIEDER MÖGLICH SIND. GEFÜHRT WIRD MAN EINZELN ODER IN GRUPPEN BIS ZU 6 PERSONEN +++ HAMBURG-GREETER.DE +++ WICHTIG! MAN SOLLTE GUT ZU FUSS SEIN. AUF INDIVIDUELLE VORLIEBEN WIRD ABER NATÜRLICH EINGEGANGEN +++ WIE LANGE? ETWA 2 BIS 3 STUNDEN +++ WIE VIEL? KOSTENLOS! MAN KANN DIE SYMPATHISCHE PHILOSOPHIE DER GREETER MIT EINER KLEINEN SPENDE ODER EINEM GESCHENK UNTERSTÜTZEN! +++

WIR SEHEN DIE »ECLIPSE« über die Elbe gleiten. Die drittgrößte Yacht der Welt, die Roman Abramowitsch zwischen 340 und 850 Millionen Euro gekostet hat, wird bei Blohm+Voss generalüberholt – und zieht majestätisch an Blankenese vorbei. Da sind Karin und ich schon zwei Stunden unterwegs, und ich habe so viel über den westlichen, sich an die Elbe schmiegenden Stadtteil gelernt, wie es nur schwerlich aus Büchern möglich scheint. Wer Karin ist? Eine von mehr als 100 Ehrenamtlichen, die ihre Lieblingsstadt allen Interessierten zeigen mag. Man nennt sie Greeter. Dass ich nicht schon längst nach einem solchen Greet gefragt habe, verwundert mich im Nachhinein selbst. Dabei sind die Hamburg Greeter die deutschlandweit größte Gruppe, die sich jedes Jahr um etwa 1.000 Besucher und Interessierte kümmert. Wir duzen uns sofort, ich erfahre, wo die nächste öffentliche Toilette liegt – und der Ritt beginnt.

IN DEN NÄCHSTEN zweieinhalb Stunden geht es kreuz und quer durch Blankenese. Obwohl Karin inzwischen in Eimsbüttel lebt, fühlt sie sich dem Stadtteil mit seinen acht Hügeln und zwei Tälern bis heute verbunden. »Das Reichen-Image«, erzählt sie, »ist nur eine Seite von Blankenese. Es gibt viele andere Historien und Histörchen, die man nur hier entdeckt.« Eine davon spielt im Baurs Park, von wo wir auf die Herstellungshallen von Airbus und ins Alte Land blicken – und ein Wohnhaus sehen, das der Stararchitekt David Chipperfield entworfen hat. Danach zieht es uns durch das verwinkelte Treppenviertel, in dem man sich wunderbar treiben lassen und dem Lokalpatriotismus der Hamburger nachspüren kann. Denn geflaggt wird an vielen der (Fachwerk-)Häuschen. Kein Wunder, denke ich. Wer hier mit Elbblick wohnt, der genießt sein Leben. Oder sollte das zumindest tun!

Während wir ein paar der etwa 5.000 Stufen nehmen, erfahre ich die Hintergründe der »Klönschnacktüren«, und Karin zeigt mir das Haus, in dem Johannes Brahms einige Sommermonate verbracht hat. Ich sehe auch den »Affenfelsen« auf dem Kiekeberg und »höchstwahrscheinlich« Ottos Villa, die gut versteckt und etwas versetzt liegt – und mit skurrilen Tierfiguren und seltsamen Geweihen an einer Giebelwand auf sich aufmerksam macht …

IM KAFFEEGARTEN SCHULDT (einem Familienbetrieb seit 1877, zu dem man sogar Kaffeepulver mitbringen darf!) legen wir eine Pause ein – und ich kann ein paar Dinge loswerden, die Karin noch nicht wusste. Zum Beispiel, dass Bruno Tesch, der das Zellgift Zyklon B an Konzentrationslager auslieferte, in Blankenese gelebt hat, genauso wie Ulrike Meinhof, Mitbegründerin der RAF. Doch auch den Künstler und einstigen KZ-Insassen K. R. H. Sonderborg und den früheren SPIEGEL-Chefredakteur Stefan Aust zog es genau hierher. Ja, Blankenese ist widersprüchlich …

Auf einer Treppenstraße mit dem herrlichen Namen »Rutsch« sehen wir dann die Abramowitsch-Yacht, bevor mich der kleine Stadtteilstrand mit seinen zwei Schiffswracks und ein etwas versteckter Römischer Garten oberhalb des Falkensteiner Ufers faszinieren.

Als wir nach vielen Entdeckungen und noch mehr Gesprächen wieder am S-Bahnhof anlangen, ist es längst Nacht über Blankenese. Fast umarmen wir uns wie zwei alte Freunde. Was wir dann doch nicht tun. Wir sind schließlich in Hamburg und trotz aller Herzlichkeit immer noch hanseatisch …

WENN MAN SCHON MAL HIER IST:

Die Idee der ehrenamtlichen und sehr persönlichen Stadtführungen geht auf Lynn Brooks zurück, die 1992 einen ersten Greeter-Verein in New York gründete. In Hamburg kann man noch **18 weitere Stadtteile** vom Alstertal bis Winterhude mit Greetern erkunden. Wer auf dem Kiekeberg 1A etwas essen möchte, könnte in die vielfach gelobte Tapas-Bar **Filón** □→: tägl. meist von 12 bis 0 Uhr, 040/86646746, tapasfilon.de.

Honig
aus
eigen r Imkerei

WENN MAN SCHON MAL IN ALTONA UND AN DER ELBE IST

+++ SEHEN +++

+++ ESSEN +++

+++ AUSGEHEN +++

+++ SHOPPEN +++

+++ SCHLAFEN +++

7

SEHEN

ALTONA-ALTSTADT

Die Altstadt von Altona ist vor allem rund um den Platz der Republik mit seinem **Stuhlmannbrunnen** (einer Top-Sehenswürdigkeit um 1900) architektonisch spannend. Zumal in unmittelbarer Nähe das weiße **Rathaus** von Altona liegt, eine vierflügelige Renaissance-Anlage mit einem Relief von Ernst Barlach. Es befindet sich an der (leider viel befahrenen) **Palmaille**, einer klassizistischen Allee mit zahlreichen Gründerzeitbauten, die sich westlich mit der **Elbchaussee** fortsetzt. Südlich und ebenfalls fußläufig wartet der **Altonaer Balkon**, von dem man einen weiten Blick über die Elbe und die Hafenanlagen genießt. Etwas abseits, doch für meine Begriffe noch interessanter, ist der **Jüdische Friedhof** (siehe S. 188).

+++ S1/2/3 ALTONA +++ VOM S-BAHNHOF KANN MAN EINEN 15-MINÜTIGEN SPAZIERGANG IN SÜDLICHER RICHTUNG ZU DEN GENANNTEN ORTEN UNTERNEHMEN +++

⇠□ELBSTRAND UND ÖVELGÖNNE

Es bringt Spaß, in einer Weltstadt auf Sand zu gehen! Ins Wasser sollte man lieber nicht, wegen der Strömungen, die die Elbe und der viele Schiffsverkehr verursachen. Dafür lässt es sich tagsüber und nachts am Elbstrand wunderbar aushalten; es wird geschnackt und gechillt, gespielt und gegrillt. Im Hintergrund blickt man auf ein sehr nettes Stadtviertelchen, das aus einstigen Lotsen- und Kapitänshäuschen in Fachwerk- und Backsteinoptik besteht: Övelgönne, erstmals 1674 erwähnt.

+++ FÄHRE 61/62 DOCKLAND (START LANDUNGSBRÜCKEN) OD. BUS 112 NEUMÜHLEN +++ ERWARTETE CONTAINERPÖTTE: HAFEN-HAMBURG.DE/DE/SCHIFFE/ETA +++ AM ENDE DES »OFFIZIELLEN« ELBSTRANDS LIEGT DIE STRANDPERLE, DIE »MUTTER ALLER BEACHCLUBS« (DIE WELT): IM SOMMER MEIST 10–23 UHR, SA/SO AB 9 UHR +++

ERNST-BARLACH-HAUS

Für mich eine der schönsten Sammlungen Hamburgs, die in einem minimalistischen Quaderbau von 1962 spartanisch perfekt präsentiert wird. Anders gesagt: Der expressionistische Künstler, den die Nazis als »entartet« bezeichneten, hätte sicherlich Freude an dieser Galerie.

+++ IM JENISCHPARK (BARON-VOGHT-STR. 50A) +++ FÄHRE 62/64 TEUFELSBRÜCK OD. BUS 286 MARXSENWEG +++ BARLACH-HAUS.DE +++ DI–SO 11–18 UHR, AN FEI AUCH MO GEÖFFNET, SO MANCHMAL BIS 17 UHR +++ TICKET 7 EURO, KINDER UND JUGENDLICHE BIS 18 J. FREI +++ KOSTENLOSER AUDIOGUIDE, AUCH FÜR KINDER +++

BLANKENESE

»Blanke Ness« (= »glänzende Nase«) hieß die einstige Fischersiedlung, als sie noch eine kleine, unbedeutende Landzunge war, die eine Sturmflut von 1634 verschluckte. Nach dem Großen Brand von 1842 im Stadtzentrum zogen die Reichen und manchmal Schönen hierher, auf die Hügel in Ufernähe. Heute ist vor allem das Treppenviertel und der knapp 75 Meter hohe Süllberg spannend, wobei sich die Häuser erstaunlich organisch und wie hingewürfelt an die Elbhänge schmiegen.

+++ S1/11 BLANKENESE +++ BLANKENESE.DE +++ ICH EMPFEHLE EINEN GREET DURCH BLANKENESE (SIEHE S. 200)! +++

OTTENSEN

1310 erstmals erwähnt, zeigt sich der kinder- und künstlerfreundliche Stadtteil – Jan Delay, Sibel Kekilli, aber auch Fatih Akin und sogar Wolf Biermann leben hier – bei all seinen Gentrifizierungstendenzen heute sehr bunt und lebenswert. Im 18. Jahrhundert sah das ein wenig anders aus: »Mottenburg« hieß der wenig sozialverträgliche Industriestandort im Volksmund, eine bitter-ironische Trotzbezeichnung auf die von Tuberkulose »mottenzerfressenen« Lungen der dort schuftenden Glasarbeiter und Zigarrendreher.

+++ WESTLICH DES S-BAHNHOFS ALTONA +++ S1/2/3 ALTONA +++ DIE SCHÖNSTEN STRASSENZÜGE SIND DIE FRIEDENSALLEE UND DIE BAHRENFELDER STRASSE AB DEM ALMA-WARTENBERG-PLATZ. SIEHE AUCH S. 196 +++

WITTHÜS

Im hübsch gestalteten Hirschpark mit seinen gezähmten Wildtieren und Pfauen und den 1.200 Rhododendren befindet sich im einstigen Schriftstellerhäuschen von Hans Henny Jahnn ein exquisites Lokal. Menüs etwa 40 Euro.

+++ ELBCHAUSSEE 499A +++ S1/11 BLANKENESE OD. BUS 286 MÜHLENBERG +++ WITTHUES.COM +++ 040/860173 +++ TÄGL. 14-23 UHR, ABENDKARTE AB 19 UHR +++

SÜSSWASSER

Mitten in Övelgönne liegt dieses deutsche Lokal mit seinen guten Fischspeisen. Nordseeschollen, Zanderfilet oder Pannfisch um die 20 Euro.

+++ ÖVELGÖNNE 38 +++ FÄHRE 61/62 DOCKLAND OD. BUS 112 NEUMÜHLEN +++ SUESSWASSER-HAMBURG.DE +++ 040/8801242 +++ APR.-SEPT. TÄGL. 12-22 UHR, OKT.-MÄRZ DO-SO 12-21 UHR, WETTERABHÄNGIG! +++

GAUMENGANOVEN

In den Ottenser Zeisehallen bieten diese experimentellen Köche jeweils 6 »Dinger«. Das sind auf Salat servierte Teigbälle, die an niederländische Poffertjes, japanische Takoyaki oder dänische Æbleskiver erinnern – und wirklich super schmecken! Etwa 10 Euro, die süßen Varianten gibt es für 7.

+++ FRIEDENSALLEE 7-9 +++ BUS 150 FRIEDENSALLEE +++ GAUMENGANOVEN.DE +++ 0176/34957227 +++ MI/DO 12-14 UHR, AUSSERDEM DI-SA AB 18 UHR +++

MIKKELS

Ein sehr nettes Café in Ottensen. Man setzt auf Leckereien im Mini-Format: Linzer Törtchen und Gugelhüpfchen, aber auch Scones, Brioches und Nonnettes.

+++ KLEINE RAINSTR. 10 (TIEFPARTERRE) +++ BUS 150 FRIEDENSALLEE +++ MIKKELS.DE +++ 040/76995072 +++ MO-SA 9-18 UHR, SO 10-17 UHR +++

AUSGEHEN

FABRIK

1971 machte man die einstige Maschinen- und Munitionsfabrik zum ersten Kulturzentrum Deutschlands, das 1977 prompt abgefackelt wurde. Seit man es mit feuerfestem Bongossiholz wiederaufgebaut hat, ist eigentlich ständig was los: von Ziggy Marley bis Jazzkantine, von Ü40-Partys bis Lesungen mit Popliteraten.

+++ BARNERSTR. 36 +++ BUS 288 FABRIK +++ FABRIK.DE +++

LAUNDRETTE

Ein Waschsalon, der auch eine entspannte und hippe Kneipe ist. Im Programm: DJs, Public Viewing, Sonntags-*Tatort*, Release-Partys und natürlich Drinks.

+++ OTTENSER HAUPTSTR. 56 +++ S1/2/3 ALTONA +++ LAUNDRETTE.DE +++ TÄGL. 9–0 UHR, SO AB 10 UHR +++

SHOPPEN

HAMBURGS KLEINSTES KAUFHAUS

Im Museum für Kunst und Gewerbe (siehe S. 92) sieht man manchmal Teile, die man hier wirklich kaufen kann! Sie stammen alle aus Wohnungsauflösungen und sorgen in dem vollgestopften, 40 Jahre alten Laden für einen oftmals skurrilen Stöberfaktor.

+++ BAHRENFELDER STR. 207 +++ BUS 288 FRIEDENSALLEE +++ HAMBURGS-KLEINSTES-KAUFHAUS.DE +++ DI–FR 10–18.30 UHR, SA 12–16 UHR +++

⇠□ JÖ MAKRÖNCHEN

Hervorragender Kaffee – und ganz tolle, frisch im Ladencafé zubereitete Macarons, die man nicht nur direkt verspeisen, sondern auch sehr gut mitnehmen kann. Die Sorten reichen von Champagner bis Passionsfrucht.

+++ FRIEDENSALLEE 6 +++ BUS 150 FRIEDENSALLEE +++ JOE-MAKROENCHEN.DE +++ DI-FR 11-18.30 UHR, SA 11-17 UHR +++

SCHLAFEN

STRANDHOTEL BLANKENESE

Es sind meist 160 Euro, die man fürs DZ bezahlt. Wobei man auch sagen muss: Ein klar und gut designtes Hotel mit Elbblick oder Aussicht aufs Treppenviertel hat in Blankenese eben seinen Preis. Das Frühstück würde ich mir sparen, da es 30 Euro pro Person kostet! Lieber ein Rad leihen, damit an den Elbstrand fahren und dort einen Kaffee trinken (siehe S. 192). Der Morgensport dauert ziemlich genau 30 Minuten bei oft spannendem Schiffsverkehr.

+++ STRANDWEG 13 +++ S1/11 BLANKENESE, DANN BUS 488 BLANKENESE (FÄHRE) +++ STRANDHOTEL-BLANKENESE.DE +++ 040/861344 +++

SCHANZENSTERN ALTONA

Vom Einzel- bis Siebenbettzimmer ist alles möglich. Dabei wird auf Nachhaltigkeit geachtet und z. B. Regenwasser für die Toilettenspülung verwendet. Wer früh genug bucht, kann für 86 Euro im DZ unterkommen, manchmal sogar an Wochenenden. Allerdings muss man wissen, dass man sich in einer – wenn auch schönen und eindeutig besseren – Jugendherberge befindet. Nett: Nach wenigen Schritten ist man im Zentrum Ottensens!

+++ KLEINE RAINSTR. 24-26 +++ S1/2/3 ALTONA +++ SCHANZENSTERN.COM +++ 040/39919191 +++

8
ABSEITS VOM SCHUSS

+++ ERLEBEN +++

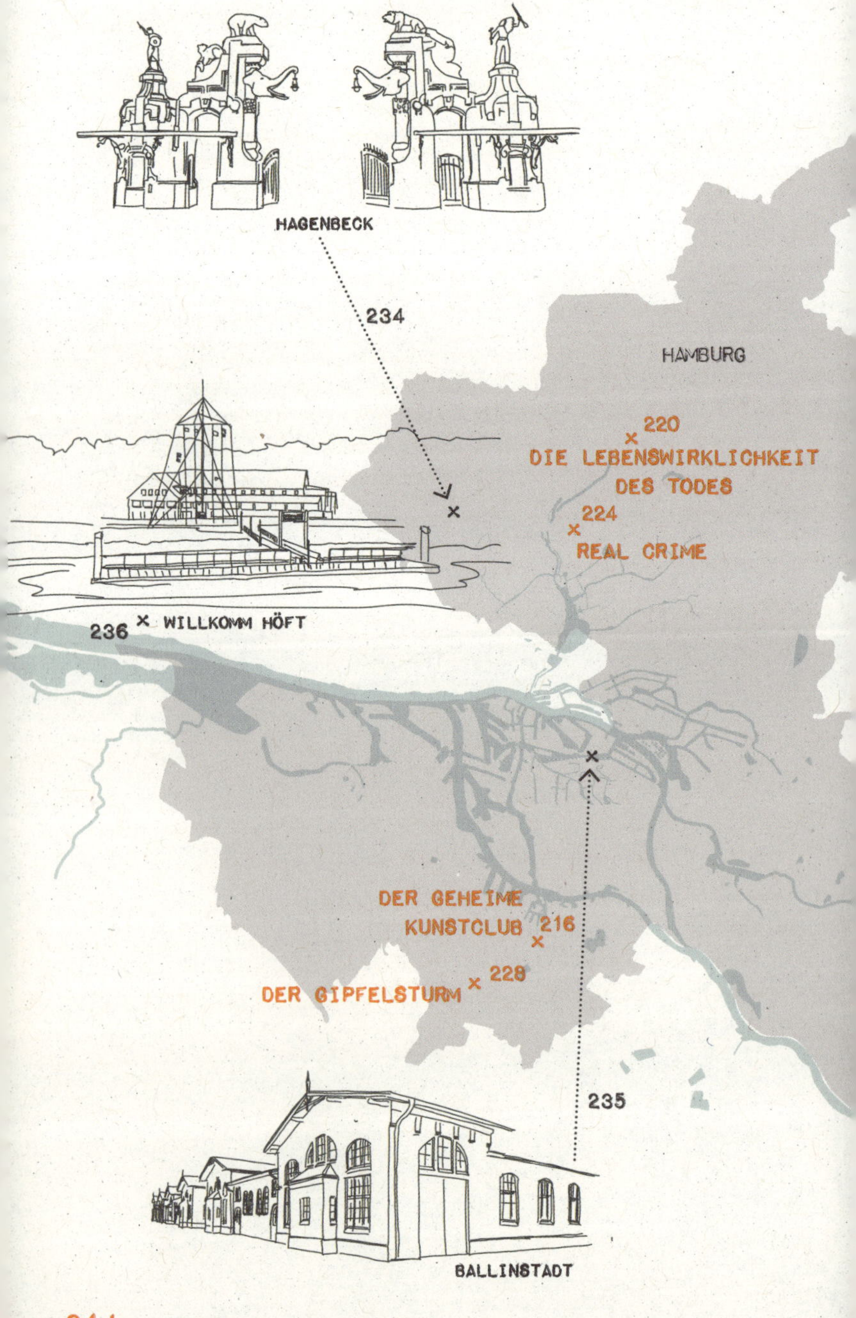
HAGENBECK
234
HAMBURG
220
DIE LEBENSWIRKLICHKEIT
DES TODES
224
REAL CRIME
236
WILLKOMM HÖFT
DER GEHEIME
KUNSTCLUB
216
228
DER GIPFELSTURM
235
BALLINSTADT

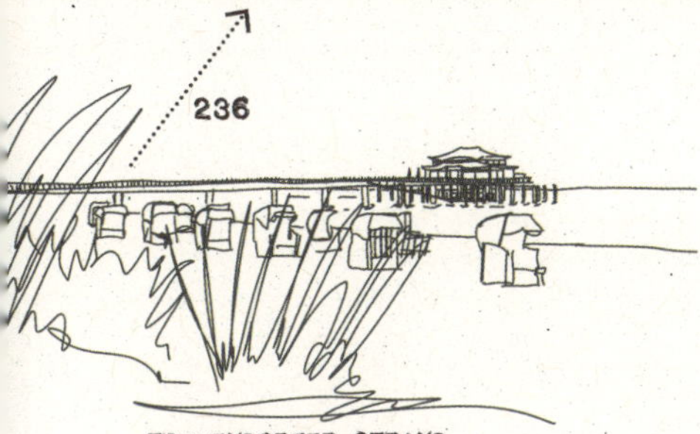

HAMBURG IST GROSS. SEHR GROSS.

Seit dem »Groß-Hamburg-Gesetz« vom 1. April 1937, das die Elbmetropole zu einer »Führerstadt« machen sollte, nahm die Stadtfläche quasi über Nacht um 80 Prozent zu, und die Einwohnerzahl wuchs um 500.000 Menschen (was einer »wundersamen Vermehrung« von 40 Prozent entsprach ...). Heute passen München und Köln, immerhin die dritt- und viertgrößte Stadt Deutschlands, zusammen (!) in den Stadtstaat hinein. Trotz alledem ist den meisten Reisenden nur ein kleiner Teil der sage und schreibe 755,22 Quadratkilometer Hamburgs bewusst. Manchmal zu Recht! Wo es auch abseits vom Zentrum ziemlich spannend ist, erfahren Sie auf den nächsten Seiten ...

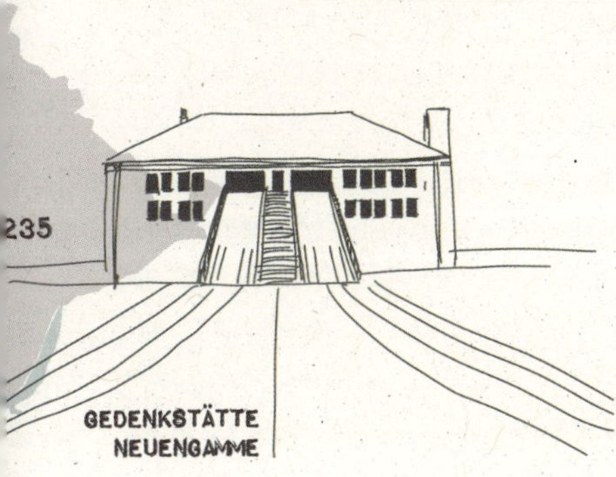

DER GEHEIME KUNSTCLUB

EINE FÜHRUNG DURCH DIE SAMMLUNG FALCKENBERG

+ + + STECKBRIEF + + +

WO? WILSTORFER STR. 71 (IM PHOENIX-CENTER NEBENAN KANN MAN GÜNSTIG PARKEN!) +++ MIT MEHREREN REGIONALBAHNEN GELANGT MAN FÜR ETWA 3.50 EURO BINNEN 10 MINUTEN VOM HAUPTBAHNHOF ZUM BAHNHOF HARBURG. VON DORT SIND ES 10 MINUTEN ZU FUSS +++ WANN? DIE SEHR GUTEN SAMMLUNGSFÜHRUNGEN MIT BLICK IN DAS SCHIEBELAGER FINDEN SA UM 12 UHR STATT. AUSSERDEM WERDEN DO/FR UND SO ÖFFENTLICHE FÜHRUNGEN ZUR AKTUELLEN AUSSTELLUNG GEGEBEN. AM 1. SONNTAG IM MONAT KOMMT MAN VON 12 BIS 17 UHR OHNE ANMELDUNG UND FÜHRUNG FÜR 5 EURO WENIGER IN DIE SAMMLUNG (NICHT INS SCHIEBELAGER!) +++ SAMMLUNG-FALCKENBERG.DE +++ WICHTIG! PÜNKTLICH SEIN, DA SICH SONST DIE TÜREN WIEDER SCHLIESSEN ... DABEI MUSS MAN WISSEN, DASS DIE SAMMLUNG ERST 10 MINUTEN VOR DEN FÜHRUNGEN GEÖFFNET WIRD +++ WIE LANGE? ETWA 90 MINUTEN +++ WIE VIEL? 15 EURO, ERM. 12 EURO, KINDER UND JUGENDLICHE UNTER 18 JAHREN FREI! +++

WENN ES so etwas wie mein heimliches Lieblingserlebnis gibt, ist es dieses. Das fängt schon damit an, dass ich für die Sammlungsführung in der einstigen Gummifabrik in Harburg klingeln muss. Wie für einen Geheimclub! Nach einer kurzen Einstimmung zum Haus und zum Sammler selbst geht es in den Keller. Dort sieht es aus wie in einer Lagerhalle, die zufällig mit Kunst vollgestellt ist. Wir, etwa 15 Hochinteressierte, müssen aufpassen, nicht aus Versehen etwas umzustoßen. »Der Wert der Bilder und Installationen dürfte im zweistelligen Millionenbereich liegen«, erklärt die sympathische und gut informierte Führerin gelassen. Sagt es und lässt uns stöbern. Wir ziehen »Flachware« aus den Schiebeschränken, die der anarchisch-widerständigen Kunst ab 1970 angehört. Wahnsinn, denke ich, noch nie war ich solchen Meisterwerken so nahe! Niemals zuvor habe ich mich im Backstagebereich einer Ausstellung herumgetrieben.

EINE SCHWARZ-WEISS-FOTOGRAFIE, die mir nachhaltig imponiert, zeigt einen quer gestellten Containerlaster auf einer mexikanischen Zubringerstraße. Der Spanier Santiago Sierra hatte den Fernfahrer dazu überredet, ein System für zehn Minuten zum Erliegen zu bringen. Antikapitalismuskunst. Auch die Malereien von Martin Kippenberger fesseln: uns und unsere Begleiterin. »Sieht pubertär aus«, sagt sie. »Ist es auch. Punkiges ›Bad Painting‹ an der Grenze zum schlechten Geschmack.« Bei solchen Ankäufen setze Falckenberg, der ein Patent für Tankstutzen besitzt (und deshalb über das nötige Kleingeld verfügt), auf Mundpropaganda. Er kaufe »Künstler-Künstler«, also solche, die zunächst nur ihre Kollegen faszinieren – und schon mal Pornoprovokationen anbieten. So entstand eine etwa 2.000 Werke starke Privatsammlung zur internationalen Avantgarde, die von *ARTnews* zu den 200 besten der Welt gewählt wurde. Mitte der 90er entdeckte er Jonathan Meese, »der damals in Hamburg studiert hat und seine ersten Erfolge feierte«. Da stehen wir längst im *Vaterraum*. Meese hat ihn aus originalen Familienstücken der Falckenbergs grenzüberschreitend und mit vielen Anspielungen gestaltet. Ich fühle mich, als würde ich einen anarchischen Kunstkatalog betreten, ein 68er-Happening. Dazu passt, dass Falckenbergs Vater ein Täter im Nationalsozialismus war. Die Räume dienen auch der Aufarbeitung.

ANDERS GESAGT: Man wird Teil des Kunstwerks, indem man liest und schaut und sich einspinnen lässt von einem radikalen Erschaffer neuer Sichtweisen. Die Spinde im Tiefparterre dieser Mega-Installation zeigen die Namen von Weltbekannten – Jesus, Mussolini, Stanley Kubrick oder Rasputin – und die Zweischneidigkeit, die ihnen innewohnt, wenn man die Gegenstände darin betrachtet. »Kultur ist nie Kunst« steht auf dem Fußboden davor.

Wir ziehen weiter. Durch das superminimalistische Haus mit seinen sehr schlichten Betonwänden. Fünf Etagen sind es, und die spannendsten Entdeckungen macht man nebenbei. Wir steigen durch Löcher, sehen einen Künstler in einem Bohnentopf, besteigen eine Leiter und finden uns in einem Raum von Jon Kessler wieder, der die Hpyermedialisierung unserer Gesellschaft flackernd und grell in Szene setzt. Ich würde gerne noch mehr schreiben. Von einem Live-Überwachungsbild auf eine Harburger Straße, in der drei Attentäter des 11. Septembers gelebt haben. Oder von der Guantanamo-Zelle von Gregor Schneider, die einem viel zu nahe rückt. Oder von der Manipulierbarkeit durch Bilder. Doch ich fürchte, Sie müssen selber hin! Der Platz auf diesen Seiten ist

WENN MAN SCHON MAL HIER IST:

Das 5 Auto- und 20 Gehminuten entfernte »Achterbahn-Restaurant« **Schwerelos** □→ ist eine lustige Sache für Familien mit (kleinen) Kindern. Über ein verzweigtes Schienensystem werden die Gerichte zwischen 10 und 18 Euro (darunter Fast Food, aber auch Veganes) zu den Tischen befördert. Die Koordinaten: Harburger Schloßstr. 22, Di–Do 16–23 Uhr, Fr–So ab 11.30 Uhr, rollercoaster-hamburg.de. Hier siegt eindeutig das Erlebnis!

DIE LEBENS-WIRKLICHKEIT DES TODES

EINE KLEINE RUNDE AUF DEM OHLSDORFER FRIEDHOF

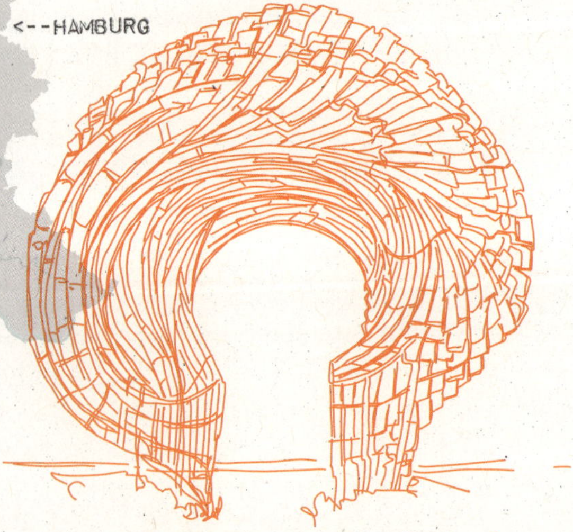

+ + + STECKBRIEF + + +

WO? OHLSDORFER FRIEDHOF (HAUPTEINGANG FUHLSBÜTTLER STRASSE 756) +++ VOM HAUPTBAHNHOF SIND ES MIT DER S 1/11 OHLSDORF CA. 20 MINUTEN +++ FRIEDHOF-HAMBURG.DE (DIE FRIEDHÖFE/OHLSDORF) +++ **WANN?** APR.-OKT. 9-21 UHR, NOV.-MÄRZ 9-18 UHR +++ **WIE LANGE?** ETWA 1 STUNDE +++ **WICHTIG!** UNBEDINGT KAMERA ODER SMARTPHONE MIT GUTER AUFLÖSUNG MITNEHMEN +++ **WIE VIEL?** EIN TICKET MIT DEN ÖFFENTLICHEN +++

DIE NACHRICHTEN in den Kondolenzbüchern sind bewegend. Es geht um Frauen, die ihren verstorbenen Männern von den neugeborenen Enkeln erzählen, um Enkel, die ihren toten Omas und Opas schreiben. Ich stehe in Kapelle 8 auf dem Ohlsdorfer Friedhof, dem größten Parkfriedhof des Planeten: 235.000 Grabstellen, 17 Kilometer Straßennetz, 36.000 Bäume, 22 Bushaltestellen. Mein Weg führt mich in die stillen Winkel eines Geländes, das knapp 550 Fußballfelder weit reicht. Manchmal zerreißt ein Flugzeug die Ruhe, die sich längst in mir ausbreitet. Es ist gar nicht schlecht, denke ich, dass ich im Herbst hier bin. Die leicht nebelverhangene Stimmung wirkt umso mystischer. Der eigene Tod wird einem sanft bewusst. Das, was Rilke meint, wenn er schreibt: »Wenn wir uns mitten im Leben meinen, wagt er zu weinen mitten in uns.«

SCHRÄG GEGENÜBER liegt ein anonymer Urnenhain. Es versteht sich von selbst, dass man den Rasen nicht betritt. Nur einige Maulwürfe halten sich, zumindest unterirdisch, nicht daran. Über mir thront das Mausoleum eines Erdölkönigs. Wilhelm Anton Riedemann, der mit Rockefeller verkehrte, hatte es 1905 errichten lassen: für Sophie, seine mit 19 Jahren verstorbene Tochter. Wenn man sich rechts hält, gelangt man auf den »Stillen Weg«, wo es links zur Grabstätte des Friedhofsgründers geht. Auf einem Hügelchen ist die Haupttafel von Wilhelm Cordes' Grab längst vermoost, doch drei Engel singen ein Halleluja.

Ich laufe über Laub, auf kleinen Pfaden und neben Bäumen, die ihre verfärbten Blätter noch nicht abschütteln wollen. Wenig später besteige ich eine Steintreppe. Dort sieht man, wie man sich als »wohlhabender Toter« in Hamburg bestatten lassen konnte – und kann ... Im Mittelgang sind ein Pickelhaubenmann zu erkennen, der von einem Engel ins Jenseits gezogen wird, und fliehende Pferde. Rechts oben liegt die Grabstätte der Hagenbecks, leider ohne den legendären Löwen, der Metalldieben zum Opfer fiel; das war im Winter 2014. Die Böschung entlang geht es in einer Serpentine wieder hinab, wo ich mich links halte.

AUF HALBER STRECKE des Seitenweges fasziniert mich ein düsteres Grabmal mit pharaonenhaften Figuren. Ein Bärtiger ist darauf zu sehen, der eine erschütterte Schöne zu sich holt; in Stein gemeißelt heißt es: »Ihr müsst alle diese Straße wandeln.« Am Ende des Weges gelangt man rechts zu einem Zaun und einem zweiten Mausoleum.

Nun könnte man rechter Hand zu einer Holzbrücke weiterziehen. Ich drehe zuvor eine längere Schlaufe um eine Bodensenke. Im Sommer ist sie mit Wasser gefüllt; Wolfgang Borcherts Worte des »vögeldurchjubelten gepflegtesten Urwaldes der Welt« fallen mir ein, die er zu »Ohlsdorf« notierte. Hinter der Brücke wartet dann der Löwe, den ich bei Hagenbeck vermisst habe … Wenige Schritte westlich tut sich der verwunschene Nordteich auf. Ich lasse ihn links liegen, gehe den asphaltierten Weg weiter und lande wieder beim Mausoleum der früh verstorbenen Tochter. Es zeigt, genau wie die kleineren Gräber und neueren Totenmale am Wegesrand, ziemlich gut, was eine Grabstätte immer auch ist: ein Ausdruck der Lebenswirklichkeit, der sie entstammt.

WENN MAN SCHON MAL **HIER** IST:

Man kann sich auch einfach durch die »tropischen tollen Bäume, Büsche und Blumen des Mammutfriedhofes« (Wolfgang Borchert) treiben lassen und bewusst verirren. Gute Fotomotive □→ (z. B. von Skulpturen oder Reliefs) gibt es zu jeder Jahreszeit! Wer die **Gräber von Hamburger Persönlichkeiten** besuchen mag (z. B. Gustaf Gründgens, Inge Meysel, Helmut und Loki Schmidt, Roger Willemsen), findet online (»Besucher/Prominente«) oder im Museum (Mo/Do/So 10–14 Uhr) beim Haupteingang die Koordinaten.

REAL CRIME

DIE (AKTEN-)EINSICHTEN IM POLIZEIMUSEUM

+ S T E C K B R I E F + + +

WO? CARL-COHN-STR. 39. SOBALD MAN NACH DER U-BAHN-STATION IN DEN HEUBERGREDDER EINBIEGT, IST DAS POLIZEIMUSEUM AUSGESCHILDERT +++ U1 ALSTERDORF +++ WANN? DI-DO/SO 11-17 UHR +++ POLIZEIMUSEUM.HAMBURG +++ WIE LANGE? 30 MINUTEN BIS 3 STUNDEN (JE NACH LUST UND LAUNE) +++ WICHTIG! PERSO MITBRINGEN. AB 16 J. MUSS MAN SICH AUSWEISEN! MAN DARF NUR DEN HUBSCHRAUBER IM 1. STOCK UND DIE ALTE ZELLE IM ERDGESCHOSS FOTOGRAFIEREN +++ WIE VIEL? ERWACHSENE 8 EURO, ERM. 6 EURO, KINDER UND JUGENDLICHE UNTER 18 J. FREI. EIN MULTIMEDIAGUIDE (DEN MAN NICHT ZWINGEND BRAUCHT) KOSTET 2 EURO. EINE KINDER-RALLYE AB 6 JAHREN GIBT ES FÜR 1 EURO +++

BEREITS DER ANFANG ist einigermaßen skurril. Ich laufe durch ein offizielles Polizeigelände, sehe einen Trupp bei der Einsatzübung und staune, dass es längst Polizei-Smarts und -Minis gibt. Zuvor muss ich meinen Perso zeigen.

Dann bin ich drin – in einem Museum, das auf eine richtig gute Weise heutig daherkommt. Man kann viel ansehen und anfassen, wird aber nicht von zu vielen Bildschirmen erschlagen. Mich zieht es sofort in den zweiten Stock, der – Achtung! – ab 14 Jahren ist. Hier sind acht spektakuläre und legendäre Hamburger Kriminalfälle aufgerollt. Ich höre nicht nur den Einsatzleitern und einer Polizeipsychologin zu, ich nehme auch echte Akteneinsicht – und begreife, worin die eigentliche Polizeiarbeit besteht. In Befragungen, im Sammeln von Beweisen, gar nicht so sehr in Schlussfolgerungen. Die subjektive Interpretation nimmt sich selbst zurück, anders als in (zweitklassigen) Serien-Thrillern.

WENN MAN SICH die zwei Ordner zum Serientäter Fritz Honka greift und darauf einlässt, ergibt sich das Bild eines Menschen und seines Umfelds, das Filme und Bücher eher verschleiern. Hier liegt es roh vor einem. Man liest Verhörprotokolle, bekommt mit, wie sich Honka auf dem Polizeirevier verhielt, liest die erschütternden Zeilen eines Mannes, der seine Frau auf St. Pauli suchte, nachdem sie Honka zum Opfer gefallen war. Auch Zeitungsartikel findet man, in denen die Kriminaler der *BILD* eine Lüge nachwiesen, und Hinweise, die durch die Presse hereinschneiten – und denen nachgegangen werden musste, auch wenn sie meist ins Leere liefen.
Man sucht mit, nach dem Schlüssel zur Tat. Auch bei einer Leiche, die in einem Ölfass in der Elbe gefunden wurde und deren Mörder bis heute frei ist. Der Kommissar, dem man in einer Audioaufnahme zuhört, bedauert, dass er den Täter schon hatte, doch nicht genügend Beweise finden konnte. Das ist zumindest seine Ansicht. An anderen Stationen geht es um einen Banküberfall mit Geiselnahme (beides wird in einem Film gezeigt, der an einen alten *Tatort* erinnert, aber Realität ist), um den »St.-Pauli-Killer«, der in einem Gerichtssaal den Staatsanwalt, seine Frau und schließlich sich selbst erschossen hat, oder um Hintergründe zu den gefälschten »Hitler-Tagebüchern«.

IN DEN FALL DES KAUFHAUS-ERPRESSERS »Dagobert« will ich mich noch hineinlesen. Ich war damals 16, und die Beamten wussten, wie sie von der (Welt-)Öffentlichkeit gesehen wurden, doch blieben unbeirrt und akribisch. Sie bauten darauf, dass Arno Funke irgendwann einen Fehler machen würde. Beim letzten Telefonat bin ich »live« dabei. Man begreift, dass die zweite und vor der Presse verschwiegene Polizeitaktik aufging. Sie wiegten den Erpresser in Sicherheit, die Schreiben und Telefonate untereinander wurden immer freundschaftlicher – bis die Falle zuschnappte.

Ich schlendere in den zweiten Stock, wo man sich ebenfalls in drei Akten einlesen kann (in einen Einbruch, eine Fahrerflucht und einen Mord), erstelle ein Phantombild von mir, fuchse mich in Kriminaltechnik, Forensik und Biologie ein – und genehmige mir einen aufgezeichneten Hubschrauberflug und eine Fahrt im Streifenwagen. Im Erdgeschoss, wo die (Hamburger) Polizeigeschichte aufgedröselt ist, fotografiere ich eine alte Haftzelle, während draußen die Kadetten ihre Einsatzübungen fortsetzen und schweres Polizeigerät durch die Gegend fährt. Dann verschwinde ich, wieder ein Stück Weltwissen mehr im Erlebnisrucksack.

WENN MAN SCHON MAL **HIER** IST:

Wer es schafft, um 14 Uhr wieder draußen zu sein, könnte im 7 Gehminuten entfernten **FuLu** □→ ein asiatisches Mittagsmenü zwischen 6 und 8 Euro erbeuten: Alsterdorfer Str. 262, Mo–Fr 12–15 Uhr und 17–22 Uhr, Sa/So/Fei 12–22 Uhr, fulurestaurant.de.

DER GIPFELSTURM

EINE »BERGTOUR« ZUM HASSELBRACK

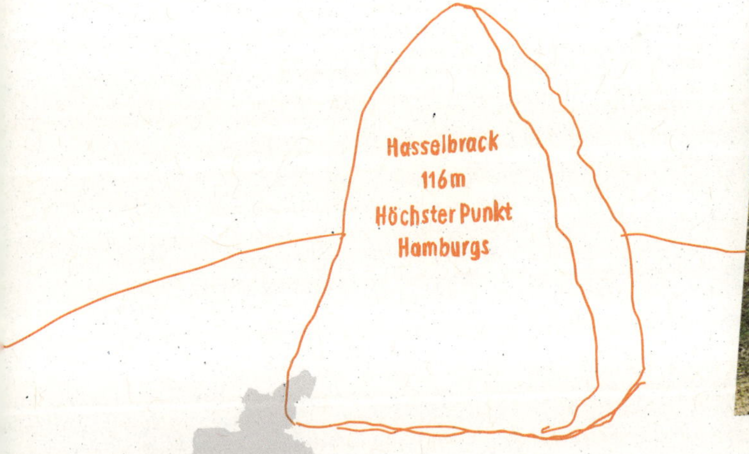

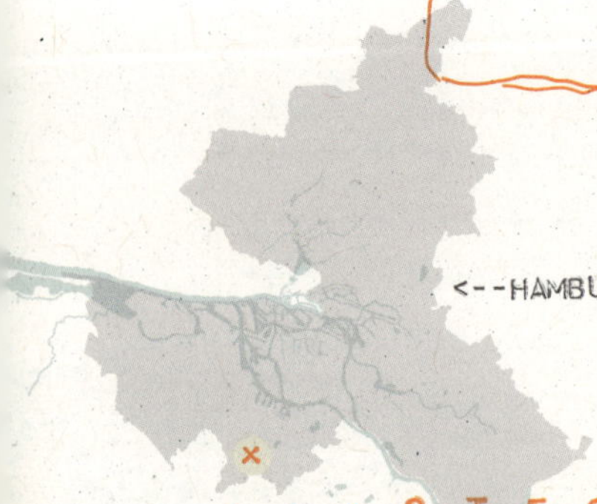

+ + + STECKBRIEF + + +

WO? AM ENDE DES FALKENBERGSWEGS IN NEUGRABEN-FISCHBEK +++ VOM HAUPTBAHNHOF SIND ES MIT DER S 3/31 NEUGRABEN UND BUS 240 WALDFRIEDEN/KEHRE CA. 45 MINUTEN +++ WANN? TÄGLICH BEI GUTER WITTERUNG +++ WIE LANGE? ETWA 1 STUNDE, OHNE KINDER CA. 40 MINUTEN +++ WICHTIG! TRITTSICHERE TURNSCHUHE GENÜGEN +++ WIE VIEL? EIN TICKET MIT DEN ÖFFENTLICHEN +++

EINE WANDERUNG MIT KINDERN ist manchmal schwierig. »Wann sind wir da?«, »Sind wir jetzt endlich da?« oder »Können wir bitte da sein?« sind die Klassiker, die man währenddessen erlebt. Diesmal ist alles anders. Wir sind auf der Suche nach der höchsten Erhebung Hamburgs, dem Hasselbrack, der unglaubliche 116,2 Meter in den Harburger Himmel ragt. Er liegt versteckt in der Waldwildnis der großen Hafenstadt, nahe der südwestlichen Grenze zu Niedersachsen in den Schwarzen Bergen. Sogar einen Gipfelstein und ein Gipfelbuch soll es geben. Ein Extragimmick macht die »Extremtour« spannend: Ausgeschildert ist nichts! So treffen wir auf Wanderer, die sich zum achten (!) Mal auf die Suche nach dieser geheimnisvollen Erhebung machen, »diesmal mit GPS-Gerät«, wie sie achselzuckend gestehen.

SCHULD AM bewusst hinter dem Berg gehaltenen Gipfel ist der Raufußkauz. Doch keine Sorge, die IUCN, eine Weltnaturschutzunion, hat das 24 bis 26 Zentimeter kleine Tier nicht als gefährdet eingestuft. Trotzdem soll es keine Massenbewegungen abseits der Pfade und Trails geben, wie die Hamburger Behörde für Umwelt und Energie betont; das Käuzchen brütet im Frühjahr. Wir haben ein klein wenig recherchiert, weshalb wir den Weg gut kennen.

An der Buswendeschleife Waldfrieden, wo man sich auf atemraubenden 38 Metern über Normalnull befindet, beginnt der 3,07 Kilometer lange Trip. 78,2 Höhenmeter gilt es in der nächsten Stunde zu erklimmen. Das Abenteuer beginnt nichtsdestotrotz gemächlich und geradeaus. An der ersten Weggabelung hält man sich rechts (nicht Richtung »Freilichtmuseum« gehen!), kommt am »Moisburger Stein« vorbei (er markiert die Grenze zwischen Niedersachsen und Hamburg) und darf auf einem etwas versandeten Teilabschnitt eine Abzweigung nach links nicht verpassen (keine Ausschilderung!). Von dort geht es hinauf zum Gipfel, der übrigens Bremens höchster Erhebung weit überlegen ist. Diese misst gerade einmal 32,5 Meter über dem Meeresspiegel …

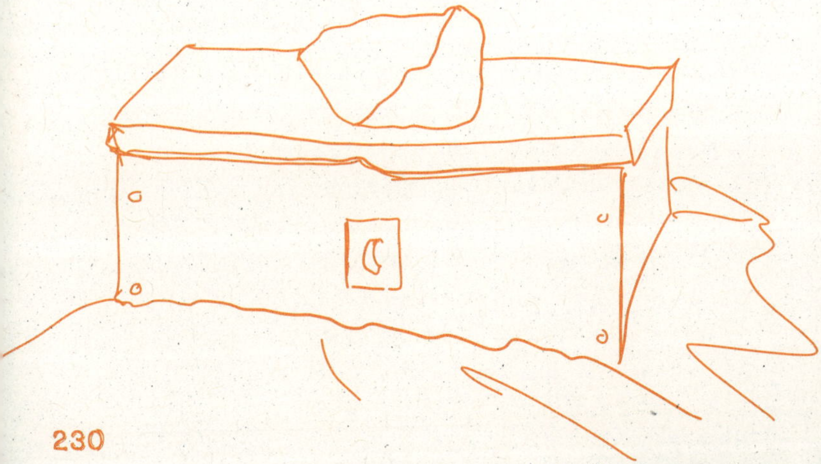

WÄHREND DER ROUTE lässt man einen Hochsitz rechts neben sich (nicht dort abzweigen!) und wundert sich, wie wenige Menschen selbst an einem Sonntag hier unterwegs sind. Einmal zieht ein Mountainbiker mit Survivalgepäck vorbei, das andere Mal ein Läufer mit überschüssiger Energie. Sehr angenehm sind die Nadel- und Laubbäume im Wechsel und die Sonnenstrahlen im Mai, die durch den nicht zu dicht bewachsenen Waldpfad drängen. Um die Kinder bei Laune zu halten, suchen wir bei leichter Steigung vierblättrige Kleeblätter. Zum Ende hin, kurz vor der ersten echten kleinen Steilpassage, entdecken wir ringförmige Baumpilze, die wie versteinert an Rinden kleben. Dann ist es geschafft – ein zwei Tonnen schwerer Findling leuchtet uns auf dem Berg im Naturschutzgebiet entgegen. Lustig sind die Einträge im Gipfelbuch; es handelt sich bereits um das neunte (das inzwischen wieder erneuert sein dürfte ...). Vom »Dach Hamburgs« und dem »Mega-Gipfel« ist da die Rede – und davon, dass jemand schon zum 78. (!) Mal die Tour unternommen hat. Gipfel ahoi!

WENN MAN SCHON MAL HIER IST:

Ein Besuch des 20 Autominuten entfernten **Wildparks Schwarze Berge** □→ lohnt sich! Man kann z. B. Braunbären und Wölfe sehen (Am Wildpark 1, 21224 Rosengarten, April–Okt. 8–18 Uhr, Nov.–März 9–16.30 Uhr, 11 Euro ab 15 J., 9 Euro ab 3 J.). Auch das **Freilichtmuseum** am Kiekeberg 1 (Di–Fr 9–17 Uhr, So/Fei 10–18 Uhr, 9 Euro, Kinder unter 18 J. frei) hat was! Nach 17 Autominuten stößt man dort auf alte Nutztierrassen (z. B. Bunte Bentheimer Schweine) und eine Dauerausstellung zu längst vergessenem Spielzeug (u. a. Gameboy, Carrerabahn).

WENN MAN
SCHON MAL
ABSEITS VOM
SCHUSS
IST
+++ SEHEN +++
+++ ESSEN +++
+++ AUSGEHEN +++
+++ SHOPPEN +++
+++ SCHLAFEN +++

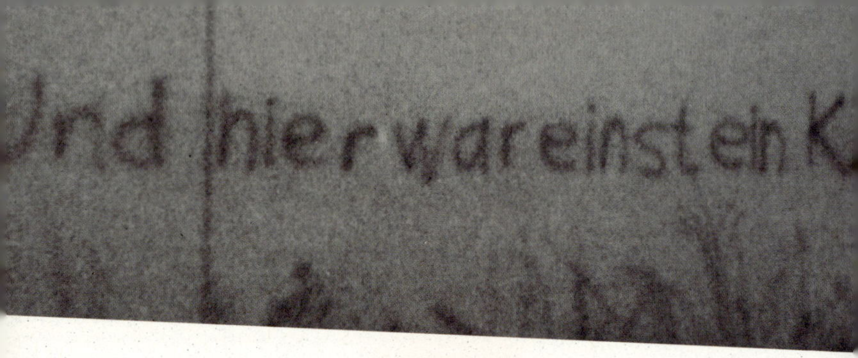

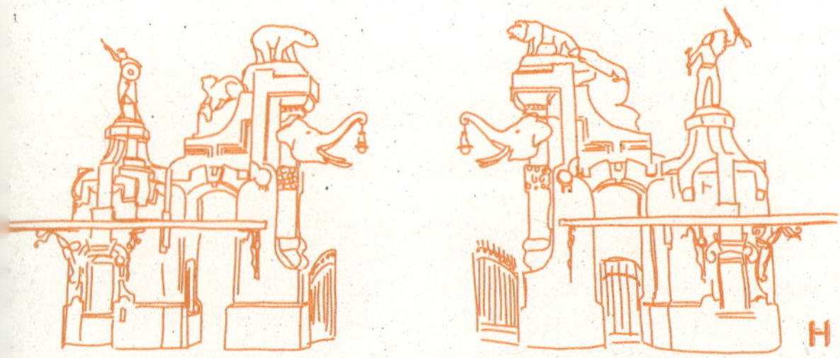

HAGENBECK

Sicher, der Vorzeigetierpark der Stadt mit eigener U-Bahn-Haltestelle bleibt beeindruckend! Schade nur, dass er erstens so teuer und zweitens immer noch nicht die Epoche aufgearbeitet ist (z. B. in einem Pavillon), in der in diesem Zoo tatsächlich Menschen ausgestellt wurden … Davon abgesehen, wird man alleine, zu zweit oder mit seinen Kindern an den mehr als 14.000 Tieren seine Freude haben, ebenso an der großartigen **Eiswelt** oder am **Tropen-Aquarium**, das aber extra kostet. Eine Alternative zum Klassiker ist der sehr schön gelegene **Wildpark Schwarze Berge** (siehe S. 231).

+++ LOKSTEDTER GRENZSTR. 2 (DER ZWEITE EINGANG AM GAZELLENKAMP IST NUR VON MÄRZ BIS OKT. GEÖFFNET) +++ U2 HAGENBECKS TIERPARK +++ HAGENBECK.DE +++ TÄGL. 9–18/19 UHR, NUR ENDE OKT. BIS ANFANG MÄRZ BIS 16.30 UHR +++ TICKET 20 EURO, KINDER (4–16 J.) 15 EURO, TROPEN-AQUARIUM ZUSÄTZLICH 14/10 EURO (ERW./KINDER). ES GIBT AUCH ETWAS GÜNSTIGERE KOMBI- UND FAMILIENKARTEN +++ FÜTTERUNGSZEITEN ONLINE! +++

GEDENKSTÄTTE NEUENGAMME

Obwohl in diesem Konzentrationslager nach derzeitigem Stand etwa 100.000 Menschen körperlich ausgebeutet und seelisch zerrüttet wurden und wahrscheinlich 42.900 Gefangene unter menschenverachtenden Bedingungen starben, gehörten Teile der verklinkerten Riesenanlage bis 2006 (!) zum bundesrepublikanischen Strafvollzug. Wie gut, dass die sensible und tiefschürfende Aufarbeitung seither keine Aspekte und Themen ausspart!

+++ JEAN-DOLIDIER-WEG 75 +++ S2/21 BERGEDORF, DANN BUS 227 OD. 327 +++ KZ-GEDENKSTAETTE-NEUENGAMME.DE +++ MO–FR 9.30–16 UHR, SA/SO/FEI OKT.–MÄRZ 12–17 UHR, APR.–SEPT. BIS 19 UHR +++ AUDIOGUIDE (AUSSENGELÄNDE) 2 EURO +++ EINTRITT FREI! +++

BALLINSTADT

Das multimedial gut gemachte Auswanderermuseum erzählt exemplarisch die Geschichte der sechs Millionen Menschen, die zwischen 1850 und 1938 von Hamburg aus aufbrachen, um ihr Glück in der Neuen Welt zu suchen – wegen politischer Verfolgung, religiöser Diskriminierung oder schlicht, um einem Leben in Armut zu entgehen. Wer das Museum besucht, sieht auch die europäische Flüchtlingskrise mit etwas anderen Augen ...

+++ VEDDELER BOGEN 2 +++ S3/31 VEDDEL +++ BALLINSTADT.DE +++ TÄGL. 10–18 UHR, NUR NOV. BIS FEB. BIS 16.30 UHR +++ TICKET 13 EURO, ERM. 11 EURO, KINDER (5–12 JAHRE) 7 EURO, FAMILIENKARTEN 21/28 EURO +++

WILLKOMM HÖFT

In Wedel liegt sie, die Schiffsbegrüßungsanlage, bei der ältere Hamburger feuchte Augen bekommen: Sie waren dort schon als Kind. Was heute ein wenig folkloristisch erscheint, macht aber dennoch Spaß und zeigt die Weltoffenheit der Hanseaten. Seit 1952 werden einfahrende Schiffe mit der jeweiligen Nationalhymne begrüßt, die Hamburger Flagge wird »gedippt« (= automatisch herabgezogen), und per Lautsprecher gibt es einige Infos zum Schiff. Dazu könnte man ein Heißgetränk im Neuen Schulauer Fährhaus nehmen.

+++ PARNASSSTR. 29 +++ S1 WEDEL, DANN BUS 189 ELBSTRASSE +++ SCHULAUER-FAEHRHAUS.DE +++ OSTERN-OKT. TÄGL. 11.30-22 UHR, IM WINTER KÜRZER +++

TIMMENDORFER STRAND

Wer nach einer Autostunde das Meer sehen will, sollte diesen 78 Kilometer kurzen Abstecher unternehmen. Man kann an der Seelinie entlangflanieren, die Villen und Häuser dahinter sehen, in Cafés und Restaurants einkehren, die Seebrücke besteigen oder einen Strandkorb mieten und baden. Nur am Wochenende in der Saison ist bisweilen viel los! Mit dem Zug fährt man eineinhalb Stunden; es geht über Lübeck, wo man ebenfalls aussteigen könnte ...

+++ TIMMENDORFER-STRAND.DE +++ NETTES CAFÉ: STRANDVILLA AM HAFEN, GRÜNER WEG 5, TÄGL. 12-18 UHR, MITTE NOV. BIS MITTE DEZ. GESCHLOSSEN +++ EMPFEHLUNG: STRANDKÜCHE, GERICHTE ETWA 25 EURO, STRANDSTR. 125, MI-MO 12-21.30 UHR +++

KAALIA

Ein echtes Erlebnis ist die französisch-indische (!) Fusionsküche, die mit Zutaten in Bio- und Demeter-Qualität punktet. Man sitzt an einem von fünf Tischen und fühlt sich wie bei einer angenehmen Einladung. 3 Gänge etwa 35 Euro.

+++ RENTZELSTR. 13 +++ BUS 5 GRINDELHOF +++ KAALIA.DE +++ 0157/33120817 +++ DI–SA 18–22 UHR +++ RESERVIERUNG EMPFOHLEN! +++

DIONYSOS

Mehrfach von Hamburger Stadtmagazinen gelobt. Ich mag besonders die »Greek Tapas« wie Austernpilze aus der Pfanne oder Teigröllchen mit Ziegenkäse. Hauptgerichte (z. B. Meeresfrüchte oder Lamm) zwischen 20 und 30 Euro.

+++ EPPENDORFER WEG 67 +++ U2 CHRISTUSKIRCHE +++ DIONYSOS-HAMBURG.DE +++ 040/498800 +++ MO–SA 17.30–23 UHR +++

CAFÉ LEONAR

Eine kleine Institution im jüdischen und studentischen Grindelviertel! Neben guten Falafel- und Hummus-Gerichten in sehr schöner Buchliebhaber-Atmosphäre gibt es an manchen Abenden einen »Jüdischen Salon«.

+++ GRINDELHOF 59 +++ U1 HALLERSTRASSE +++ CAFELEONAR.DE, SALONAMGRINDEL.DE +++ 040/2788 1012 +++ MO–SA 9–22.30 UHR, SO BIS 18 UHR +++

FUNK-ECK

Wer wissen will, wo die Mitarbeiter des *NDR* einkehren – und eine große Frühstücksauswahl in einem original eingerichteten Lokal von 1950 zu schätzen weiß, ist hier richtig.

+++ ROTHENBAUMCHAUSSEE 137 +++ U1 HALLERSTRASSE +++ FUNKECK.COM +++ 040/444174 +++ TÄGL. 8–20 UHR +++

AUSGEHEN

BIRDLAND

In Eimsbüttel befindet sich dieser entspannte Jazzclub, in dem schon Ray Brown und Joe Henderson aufgespielt haben. Jeden Mittwoch und Donnerstag ist der Eintritt frei, z. B. zu Jamsessions oder Spezialauftritten.

+++ GÄRTNERSTR. 122 +++ U2 OSTERSTRASSE, DANN 10 MINUTEN ZU FUSS +++ BIRDLANDHAMBURG.DE +++

KAMPNAGEL

Der Ort für experimentelle Musik und ebensolche Festivals, die sich auch dem Tanz, der Performance und der bildenden Kunst verschrieben haben. Mehr als 900 (!) Events pro Spielzeit.

+++ JARRESTR. 20 +++ BUS 17 JARRESTRASSE +++ KAMPNAGEL.DE +++

SHOPPEN

ISEMARKT □↑

Ich sag's mal so: Die Jugendstilbauten von Eppendorf und Harvestehude kann man am besten während des Isemarkts bestaunen – und dabei auf einem der schönsten Wochenmärkte herumstöbern, der (Regenwetter ahoi!) unter einer U-Bahn-Trasse liegt.

+++ ISESTR. 1–70 +++ ZWISCHEN U3 HOHELUFTBRÜCKE UND U3 EPPENDORFER BAUM +++ DI/FR 8.30–14 UHR +++

JUSSI

Vom Isemarkt lohnt sich ein Abstecher zu diesem liebevoll eingerichteten skandinavischen Krimi-Buch-Café. Eins-a-Beratung, außerdem (veganer) Kuchen und Kaffee (mit Sojamilch).

+++ LEHMWEG 35 +++ U3 EPPENDORFER BAUM +++ JUSSI-KRIMICAFE.DE +++ DI–FR 15–19 UHR, SA AB 10 UHR, SO 14–18 UHR +++

SCHLAFEN

AUSZEIT

Zwischen 90 und 125 Euro für ein DZ (3 Kategorien) sind realistisch. Dafür wohnt man in einer kleinen Unterkunftsperle im äußersten Südwesten Hamburgs. Keine Sorge, mit der S-Bahn ist man in 30 Minuten am Hauptbahnhof. Schon mehrmals wurde das sehr nette Hotel ausgezeichnet, und das Frühstückbuffet zu ca. 10 Euro hat ein richtig gutes Preis-Leistungs-Verhältnis.

+++ BAUERNWEIDE 11 +++ S1/31 HAMBURG-NEUGRABEN +++ AUSZEIT-HH.DE +++ 040/702040 +++

CAMPINGPLATZ AN DER ELBE

Wer gerne naturnah schläft, findet hier den vielleicht schönsten Campingplatz des zweitkleinsten Bundeslandes. Da der familiengeführte Platz nicht parzelliert ist, besteht eine gute Chance, direkt an der Elbe zu lagern. Die Preise sind überschaubar: Wohnmobil/Familienzelt 9 Euro, Erw. 8 Euro, Kinder (4–12 J.) 5 Euro. Das Gelände gibt es seit 1960, doch ist längst mit Ökostrom ausgestattet!

+++ STOVER STRAND 7 +++ IN DRAGE, 36 KM ENTFERNT VOM HAUPTBAHNHOF +++ CAMPING-LAND-ONLINE.DE +++ 04176/327 +++ 1.4.–30.9. +++

DANKE: ICH DANKE ALLEN, DIE MIR TIPPS GEGEBEN UND MANCHE DER ERLEBNISSE MIT MIR BESTRITTEN HABEN. DAS SIND: BERIT KRÖNER, RIKE NAGEL, LASSE ELBERDING, ULF GRIMM, MAIKE WITTFOTH UND TOBIAS SOMMER. DARUNTER MEINE ZWEI KINDER EMIL UND LENNARD, DIE MICH MANCHMAL VORBEHALTLOS GEWARNT HABEN: »TOTAL LANGWEILIG, PAPA! DAS KANNST DU ECHT WEGLASSEN.« DANKE, DURCH EUCH ALLE WURDE DAS BUCH NOCH BESSER!

FOTOS: Alle von Matthias Kröner (inkl. Coverfoto), außer: S. 2, Cover/hintere Innenklappe (2): Alex Lipp; 4, 7, 27, 31, 40/41, 76/77, 85, 96/97, 101, 147, 158, 184/185, 193, 195, 232/233: Berit Kröner; 5 (o.), 55, 63, 70/71, 95, 103, 107, 115, 119, 120/121, 122: Gabriele Kröner; 5 (u.), 87, 156/157, 176/177: Mirja Schellbach; 25: Sven Mainzer; 35: Backecht; 46/47: Stephan Lemke; 65: Lena Woehler; 67: JusTea; 68/69: Leif Hüneke; 75: Henri Hotel; 90: Petra Wittfoth; 95: Kristijan Balun; 111: Felix Borkenau; 126: khschroeder; 135: Drip Bar; 141: Lidija Delovska; 145: Heike Kölzer; 151: FC St. Pauli von 1910 e. V.; 164/165, 169: Daniel Dittus; 171: Galopper des Jahres; 175: Seren Dal; 197 (3): Bonscheladen; 210: Jö Makrönchen; 219: Schwerelos; 227: Amely Lin; 231: Andy Ertel

IMPRESSUM: Text und Recherche: Matthias Kröner; Herausgeberschaft und Redaktion: Matthias Kröner; grafisches Konzept, Layout und Covergestaltung: Berit Kröner; Illustrationen: Mirja Schellbach; Lektorat: Dr. Felicitas Igel; Korrektorat: Eva Wagner; Druck: Westermann Druck Zwickau GmbH

ISBN 978-3-95654-824-6